首創游擊戰
進行抗日戰
再行解放戰
抗美援朝戰
中朝結友好
屹立在東亞
人民大解放
立誓保祖國

土地慶平分
民族大義伸
三山一時傾
力摧薩姆橫
互助爲善鄰
爭取世和平
國勢日繁榮
不讓敵來侵

朱德 一九六二年

慶祝中國人民解放軍建軍卅五週年

人民解放軍　今已卅五春
建軍總原則　黨的領導尊
非軍指揮黨　惟黨指揮軍
裝從無到有　術由粗而精
諸將老尚健　新兵百倍增
如鋼經百煉　如木長千尋
經驗常總結　一結一回深
敵初看不起　接仗始吃驚

共和国领袖的故事

朱德的故事

李　琦　梁平波　主　编
奚天鹰　刘　敏　副主编

浙江人民美术出版社

序　言

习近平总书记指出，毛泽东同志等老一辈革命家，都是从近代以来中国历史发展的时势中产生的伟大人物，都是从近代以来中国人民抵御外敌入侵、反抗民族压迫和阶级压迫的艰苦卓绝斗争中产生的伟大人物，都是走在中华民族和世界进步潮流前列的伟大人物。他们为中国革命、建设、改革，为中国共产党建立、巩固、发展做出了重大贡献。他们身上所展现的高尚品德和优良作风，是弥足珍贵的精神财富，受到一代代中国人的敬仰和尊崇。

这套《共和国领袖的故事》精选毛泽东、周恩来、刘少奇、朱德、邓小平、陈云同志等六位共和国领袖一生中最具独特品质和个人魅力的日常故事，按照亲密战友、忘我工作、平凡生活三条隐含线索来组织内容，通过一个个真实的故事，图文并茂地反映出共和国老一代领导人的高尚人格和崇高精神。透过这些历史的剪影，我们得以近距离地了解伟人的人生修养和思想境界。

恰逢新中国成立七十五周年及本书初次出版三十周年，回看这些生动朴素的故事和令人难忘的照片，可以帮助我们更好地感悟中国共产党人的政治品格、价值追求和精神风范，激励我们坚定理想信念、砥砺初心使命，在奋进新征程的道路上踔厉奋发、勇毅前行。

梁平波

2024 年 5 月

初版序言

毛泽东和以他为核心的党的第一代中央领导集体的重要成员周恩来、刘少奇、朱德、邓小平、陈云，是中国共产党和中华人民共和国的卓越领导人，邓小平又是党的第二代中央领导集体的核心。他们为中华民族的独立、富强奋斗了几十年，开创了中国革命的道路和中国建设社会主义的道路，建立了不朽的功绩。

有许许多多的摄影家，用他们的辛勤劳动，留下了这些老一辈革命家的一个又一个历史瞬间。这每一个历史瞬间都凝结着一个动人的故事。这一个又一个的故事，表现了老一辈革命家的学习、工作、生活及其感情世界。

毛泽东曾对他的老朋友斯诺先生说：从长远来看，将来的后代应当比我们这一代更有知识，正像资产阶级民主时代的人比封建时代的人更有知识一样。他们的判断将占优势，而不是我们。

在共和国建国四十五周年之际，我们编辑了这套故事丛书，把一个个历史瞬间及其所凝结的一个个动人的故事，奉献给青少年朋友们，相信青少年朋友们会做出自己的判断。

1994 年 6 月

目　录

我说是红司令

在中国革命的进程中，朱德与毛泽东的合作持续了四十八年。“朱毛”的旗帜已成为革命者的共识。即使是朱德和毛泽东也把“朱毛”作为一种团结的象征。

1935 年 6 月，朱德和毛泽东率领红一方面军与张国焘率领的红四方面军在长征途中会师，共同北上。可是，张国焘出于个人的政治野心，提出红军领导权的问题。周恩来顾全大局，让出红军总政委一职由张国焘担任，但是，张国焘仍不甘心，还要夺取党的领导权。当红军行进到川甘边界时，他借口无法过河，企图使部队回转南下，并且密电红四方面军领导人陈昌浩，要“南下彻底开展党内斗争”。在这危急时刻，毛泽东毅然决然率领红一方面军继续北上。张国焘一计不成，便公开提出成立“第二中央”，并且要求与红四方面军一起行军的朱德发表声明，反对所谓毛泽东的“右倾逃跑主义路线”。朱德面对张国焘的威胁利诱，毫不退让，他明确地表示：“朱毛，朱毛，人家都把朱毛当作一个人，朱怎么能反对毛呢？你们可以把我劈成两半，但是割不断我与毛泽东的关系。”事后，毛泽东得知此事，深受感动，称赞朱德“度量大如海，意志坚如钢”。在“文化大革命”中，林彪、江青一伙公开诬蔑、攻击朱德，甚至恬不知耻地把井冈山朱毛会师篡改为毛、林会师。1967 年初，江青指使戚本禹挑起揪斗朱德的风潮，毛泽东在一次会议上表示，“朱德还是要保的”。他在约见北京卫戍区司令员傅崇碧时，对中南海里贴出污蔑朱德是“大军阀”“黑司令”“老机会主义”的大字报提出批评，他说：“这很不好。朱毛朱毛，朱德和毛泽东是分不开的嘛！”

1973 年 12 月 21 日，中央军委会议在毛泽东的住所召开。这天，

中国人民解放军首次授衔授勋典礼上，朱德接过毛泽东授予的勋章　1955 年 9 月 27 日

朱德身着深色的中山装，手拄拐杖，从郊外的住所赶来参加会议。朱德一迈进会议室的房门，便看到了许久没有见面的老战友毛泽东，未待毛泽东起身，他已经走到毛泽东的近前。毛泽东拍着身边的沙发请他挨着坐下，而后动情地问："红司令，你可好吗？"朱德高兴地回答说："很好，很好。"说话时，两位老战友的手紧紧地握在了一起。

坐定后，毛泽东环顾着与会的其他领导人，又扭转头对朱德说："有人讲你是'黑司令'，我不高兴，我说是红司令，红司令！"接着，他又笑了笑，风趣地说："没有朱，哪有毛，朱毛朱毛，朱在先嘛！"

魏　华／文

最后一次相见

朱德同周恩来有着半个多世纪的深厚情谊。

1974年6月，周恩来住院后，朱德几次想去看望，但又担心影响他的正常治疗。周恩来也不愿让年事已高的朱德看到他在病榻上的样子，所以一直没有让他去。1975年7月11日这天，周恩来身体稍好一些，起床后在病房内做“八段锦”，他边运动边对卫士说：“你去打电话，问一下朱老总的身体怎么样，现在有没有时间。前些日子他想来看我，因为我当时身体不太好，没能请他来，今天可以了，看朱老总能不能来。”周恩来接着又说：“现在是4点多钟，如果老总可以来，5点钟可以到这里，约谈上半个小时，5点半离开，6点钟他可以回家吃饭。按时吃饭是朱老总多年的习惯。他有糖尿病，年岁又大，不要影响他吃饭。如果今天不能来，过几天他要去北戴河了，最好在此之前见一见。”

卫士把朱德马上到医院的消息报告了周恩来。周恩来在病房里来回走了几趟，对卫士说：“换上衣服，到客厅里去见老总，不要让他看到我穿着病号衣服。”

5时50分，朱德到了，迈着稳健的步子。周恩来起身迎向朱德，两人同时伸出双手，朱德用颤抖的声音问周恩来：“你好吗？”周恩来回答说：“还好，咱们坐下来谈吧。”朱德已八十八岁高龄，动作有些迟缓，卫士扶他坐在沙发上。周恩来关切地问朱德：“要不要换一个高一点的椅子？”朱德说：“这个可以。”周恩来示意关上客厅的门，工作人员退出后，客厅里开始了两位老战友的谈话。

6时15分，谈话结束了，周恩来送朱德走出客厅，紧紧地握手告别，警卫员搀扶着朱德上了车，周恩来目送着汽车开走，才转身回到

朱德和周恩来在首都机场　1960 年

病房。谁能想到，这次相见竟是两位几十年出生入死的老战友的最后相见！

于俊道 / 文

朱德和刘少奇

1947 年 3 月，国民党军队胡宗南部侵占延安。中共中央决定毛泽东、周恩来、任弼时等留在陕北指挥全国的解放战争，同时组成以刘少奇、朱德为首的中央工作委员会，东渡黄河，进入晋察冀边区，执行党中央委托的任务。

1948 年，解放战争进入第三个年头。在党中央的正确领导下，人民解放军在各个战场上转入战略反攻，取得了伟大的胜利。打倒蒋介石、解放全中国这一胜利时刻的到来已经为期不远了。刘少奇这年正好是五十寿辰，朱德以无比深厚的感情赞颂刘少奇数十年忠于党忠于人民，把毕生精力献给无产阶级革命事业，为中国革命建立了不朽功绩；并希望刘少奇为革命保重身体，为实现解放全人类贡献自己的力量，他写下了《贺少奇五十寿于西柏坡》：

少奇老亦奇，天命早已知。
幼年学马列，辩证启新思。
献身于革命，群运见英姿。
人山人海里，从容作导师。
真理寻求得，平生能坚持。
为民作勤务，劳怨均不辞。
党中作领袖，大公而无私。
群众欣爱戴，须臾不可离。
修养称楷模，党员作范仪。
今年虽半百，胜利已可期。
再活五十年，亲奠共产基。

朱德和刘少奇　1955 年

朱德这首贺寿诗，不仅表达了全党、全军和全国人民对刘少奇的敬仰之情，而且也充分表现了他们两位老一辈无产阶级革命家之间深厚的革命情谊。

于俊道 / 文

最后的握手

1949 年 3 月，中国革命在全国已经取得决定性的胜利，毛泽东、周恩来、刘少奇、朱德、任弼时等领导人，在万众欢呼声中住进了北京城。

不料，参加完西郊机场的阅兵式后，任弼时就病倒了。这次发病比以往任何一次都严重得多。党中央连夜开会决定：任弼时必须立即全休静养，直到康复。

任弼时在西郊玉泉山休养。中央领导同志常去看他，尤其是朱德，去的次数更多。每次去，朱德都要带些任弼时最爱吃的东西，两位情同手足的老战友一见面，照例是先下几盘象棋，而后散步、聊天，说说笑笑，不无舒心惬意。

朱德和任弼时，一个生在四川，一个长在湖南，经历大不相同，年龄又有距离，但他们的性格爱好却有惊人的相似之处，人们称他们是“如火如荼的老少年”。

一天，朱德又来到玉泉山，任弼时兴致很高，他自己弹钢琴，让任远志拉小提琴，朱德、陈琮英、任远征、任远远合唱：“起来，饥寒交迫的奴隶，起来，全世界受苦的人……”他们同时用汉语和俄语高唱《国际歌》。歌声飞出窗棂，飞向沃野蓝天……

任弼时在玉泉山休养了半年多，病情虽有好转，但并没有根本性改变。1950 年春，任弼时又向中央申请恢复工作，名义上每天四小时，实际上又何止！特别是朝鲜战争爆发后，他白天看电报、批文件，晚上还要参加中央召开的会议。

病魔再次向任弼时袭来。

1950 年 10 月 27 日上午，任弼时的病情突然恶化。正忙于组织抗

朱德和任弼时在山西八路军总部　1938 年

美援朝战争的朱德，大步流星地赶到床边，握住任弼时的手，大声呼唤：“弼时，弼时同志，我来了，我在这里！……”

任弼时努力握了握朱德的手，嘴角露出一丝欣慰的微笑，他凝视着老战友，从容而安详地吁了最后一口气……那只手仍旧被朱德紧紧握着。朱德，这位身经百战的钢铁元帅，不禁热泪盈眶。

于俊道 / 文

比一比谁活得长

朱德与董必武的性格很相似，话少，可以半天不作一声，谦虚和蔼，对所有同志都很亲切；但也有不同。朱德喜欢野外，喜欢大自然，天天都要外出，风雨无阻。他拄着手杖，迈着缓慢的步子，或爬山，或徜徉于田野花草丛中。董必武只是在院子里进行一点必要的散步，基本是将自己关在书房里。

两位老人见了面，朱德“开拳便打”：“老进士，你不行啊。生命在于运动，可你不出门。”“老总，你怎么知道我不运动？”董必武举举手中的毛笔，“我一刻也没闲。”朱德摇着头说：“写字和运动怎么能一样？还得出去走。外面空气好，一走路，百病全消。”董必武争辩说：“你的兰花不如我的墨香，外面的空气也不一定比我书房的新鲜。我开着窗户，外面的空气我这里有，我这里的空气你在外面闻不着。”

“难怪是老进士，说话总有理，可你活不过我。”

“老总，我很可能比你活得长。”

“你不愿出门，我教你个运动，保证你能活长。”朱德放下手杖，稳步走到屋中央，双腿微岔，眼皮微微下垂，一脸肃穆，收敛心神，胸脯微微胀高，显然是在舒缓地吸大气。当人们都料定朱德是练气功时，他却嘴唇一撮，身体开始下蹲，同时间，他的嘴里响起口哨声。五声长哨过后，朱德停止运动，已经有些气喘，脸也放出红光来。

“怎么样？进士，练不练？”

“嘿嘿，”董必武笑了，“我看戏可以，演戏不行。”

“唉，看来我得给你送花圈喽。”朱德泄气地连连摇头。

“我比你大一岁呢。”董必武说。

练字是朱德和董必武的共同爱好　1965 年

“我怕你活不到九十岁。”

“我们比一比么。”

朱德每天吹他的口哨，董必武每天练他的大字。

1975 年 4 月 2 日，董必武逝世，享年九十岁。1976 年 7 月 6 日，朱德逝世，享年也是九十岁。朱德确如他所言，给董必武送了花圈。他们一个吹口哨一个练大字，都活到了九十岁，比赛的结果：平手。

闻　边／文

同他在一起，比看电影好

在艰苦、漫长的战争岁月里，朱德和彭德怀建立了深厚的革命情谊。

进北京后，朱德一有闲暇总爱去彭家串串门儿，有时还在一块儿吃饭。饭后要是没有别的事，准有一个人提议“来一盘吧”。工作人员把棋具拿出来，朱德亲自动手摆好棋子，朝彭德怀说：“来，杀一盘！”

彭德怀同朱德聚精会神地下棋，有时互相望着笑笑，有时为了一步棋，竟然天真地争夺起来：“君子举手无悔！”“好，不悔不悔，先输给你一局，让你三分嘛！”“哪个要你让，有多少力气，全使出来！”围着观战的工作人员都情不自禁地笑起来。

朱德和彭德怀亲密得像哥俩。在中南海住的几年里，两个人不是你来，便是我往，下棋，散步，说古谈今，总有说不完的话。有一次工作人员请彭德怀去看电影，彭德怀说：“你去吧，我等着朱老总来，同他在一起，比看电影好。”还有一次，朱德要划船，彭德怀说：“不行，你掉下去了我保不了险！”朱德说：“我保你的险，你掉下去了，我来捞。”朱德说着就往小船上走。彭德怀对身边的工作人员说：“快去叫几个人来，要会水的。真要让朱总司令喝了水，可了不得。”

于俊道／文

朱德和彭德怀在十三陵果园中对弈　1953 年

我们两个是对头，曾经交过手的

1939年，在烽火太行山，朱德、刘伯承等八路军将领们正准备召开一次军事会议。会前大家三三两两地站在屋前聊天，有说有笑。随军记者忙举起照相机，想抓拍个精彩镜头。

就在这时，刘伯承朝记者伸出一只手说："你拍我们两个，你可知道我们两个是对头，曾经交过手的。"刘伯承说的"我们两个"指的是他和朱德。

记者只顾照相，随口问了句："下棋还是打球？"

刘伯承认真地说："下的啥子棋哟，我们是真枪实弹交过手哩！"

记者惊讶了，放下相机问："真的？……开玩笑吧！"

"哪个跟你开玩笑，你问总司令。"

记者疑惑地望着朱德。

朱德说话了，语调极为平和："对的，打过几仗。那个时候，我们两个都在四川，属于两个不同系统的军阀部队。"他笑了笑又说："那个时候还没有中国共产党，我们也不懂马列主义。我们是'各为其主'打过几仗。"

刘伯承接着说："总司令打了六个月的胜仗，升为精锐混成旅的旅长，名震天府。可我刘伯承打败了他。"

虽说是在开玩笑，但在大庭广众之下，未免有过头之嫌。然而，朱德却呵呵地笑起来。他仰天眨着眼睛回忆说："我们遭受了重大损失，驻了五年就返回云南了。那个时候，没有共产党，不懂马列主义。打仗不光要讲战术，更要讲人心。"朱德做了一个肯定的手势："没有共产党，就没有今天的朱德！"

朱德和刘伯承相聚在北京　1952 年

刘伯承跟着朱德也呵呵大笑，诙谐地说：“那个时候你要有了马列主义，我刘伯承就该倒霉了，非做了俘虏不可。”

记者明白了：向来机智、谨慎，说话很有分寸的刘伯承，只有在仁慈、宽厚、朴实的朱德面前才会毫无戒备和顾忌，自由自在地袒露一切。

于俊道／文

一同视察南泥湾

1942 年，经过开垦的南泥湾已不是荒芜的渊薮，而是炊烟袅袅、人欢马叫的屯田长廊了。

这天，贺龙陪同朱德从延安来到了南泥湾的金盆湾。

为了欢迎朱德和贺龙，团政治处文艺组的同志们在金盆湾小小的街道两边贴满了街头诗，在盛大而热烈的欢迎仪式中，朱德和贺龙由王震陪同，徐徐步入街心。随后，他们检阅了部队的射击、投弹等军事演习。

中午，朱德和贺龙同全团指战员一起会餐，每班一席，团团围坐，除猪、羊、鸡、鸭、鱼肉外，还有豹子、野猪、山羊肉和香蕈、蘑菇、木耳等山珍野味。当朱德总司令和贺龙师长尝到家乡风味的小菜时，相视而笑，赞不绝口。

战士们把用桦树皮做成的斗笠、饭盒，马兰草打的草鞋送给朱德和贺龙。

最后，朱德和贺龙接见了宣传组的有关同志。贺龙鼓励他们说：“你们的街头诗我都看了，我向朱总汇报后，总司令表示满意。好好干吧！时代不同了，我们就是要在炮火中、在开荒中产生我们这个时代的高尔基。”应他们的请求，朱德还为《战号报》写了报头。

于俊道 / 文

朱德和叶剑英（左一）、贺龙（右一）在一起　1956 年

战友·诗友

在我们党的老一辈无产阶级革命家中，朱德和陈毅既是身经百战的军事家，又都是抒情言志的诗人。

1962年4月，在陈毅的提议下，《诗刊》杂志社就诗歌创作问题在北京举行了一次规模空前的座谈会。朱德和陈毅都到会发表了热情洋溢的讲话。朱德的讲话一如他的人格，“温温不作惊人语”，却于质朴中寓意深刻。他说：“我们伟大的事业，光荣的事业，将来的革命前途，我们都有责任把这些东西真实地反映出来，给人们看，给我们的后代人看。”他还就继承和创新问题语重心长地指出：“中国几千年历史中，好东西确实不少，无论在文化上、经济上、政治上，都有我们自己的特点。我们这六亿多人能够团聚着生活下来，就总有自己的特点，自己的长处。有些人有追古复旧的想法，那是不对的。”

1963年9月，《朱德诗选集》由人民文学出版社出版了。出版之前，朱德对陈毅、李一氓说：“你们两个看看，修改修改。”陈毅接过朱德诗稿的清抄本，对李一氓说：“你可不要乱动手。总司令是总司令，总司令的诗自有总司令的诗的本色。”陈毅作诗，重在本色；他的诗论，亦着眼于此。

1972年1月6日，七十一岁的陈毅与世长辞了。朱德十分悲痛，不顾正在发着高烧的病体，执意要人搀扶着向陈毅遗体告别。意志坚如钢的朱德凝望着比自己年轻十五岁的老战友，老泪纵横，呜咽出声，颤抖着行了一个庄严的军礼。回到病房，朱德仍然泪流不已，极其沉痛地叹息道：“陈毅同志好啊，他死得太早了！”朱德已多年没有写诗了，大恸之中，心声凝为诗句。行行诗句，是对亡友的至深至切的追念，也是

朱德与陈毅一起研究军事问题　1948 年

对鬼蜮蟊贼的义愤填膺的挞伐：

一生为革命，盖棺方论定。

重道又亲师，路线根端正。

闻　边／文

越老越英雄

1963 年 1 月，朱德到广西桂林视察。他邀请徐特立去登明月峰。

明月峰在桂林市郊的叠采山上，山势笔陡，佳木葱茏。朱德决心爬上去。徐特立在一旁笑着说："总司令，你这年轻人想上去，我这老头子也不能落后呀！"朱德笑着说："我已经七十七岁了，怎么还说我是年轻人呢？"徐特立说："我今年已经八十七岁了，比你整整大十岁。跟我比你当然是年轻人喽。"

朱德脱下外衣，回头对徐特立说："怎么样，开始吗？"徐特立幽默地回答说："你前面走，老夫随后到！"就这样，两位老人一前一后地登起明月峰来。朱德先爬上去，不久，徐特立也登上去了。当时，天气还略有寒意，但徐特立爬得满头大汗，便摘去帽子任山风吹拂。随行的工作人员担心他受凉，劝他戴上帽子，他笑着说："没关系，浑身披就黄金甲，敢与西风战一场。"说着和朱德一起来到拿云亭上，两位老人肩挨肩地坐在一起。看着眼前的青山和碧水，美景尽收眼底。

当天晚上，朱德赋诗一首，赠送徐特立，称赞徐特立人老心不老：

徐老老英雄，同上明月峰。

登山不用杖，脱帽喜东风。

徐特立读后，十分高兴。第二天早晨，即步原韵和诗一首，回赠朱德，称赞他身体健壮，气势超人：

朱总更英雄，同行先登峰。

拿云亭上望，漓水来春风。

谢觉哉听说朱德和徐特立结伴登明月峰的趣事之后，也步原韵和诗一首：

朱德与徐特立　1953 年

越老越英雄，登上最高峰。

九十不算老，昂头唱大风。

三位革命老人那昂扬的斗志、顽强的精神被传为美谈。

于俊道 / 文

你的事业我坚决支持

1905 年张澜先生任四川顺庆府（今南充市）官立中学堂监督（校长）时，一洗迂儒们传播的封建、保守、萎靡、颓废的学风，主张既办“洋”学堂，就得开新风尚，将西方的民主思想和科学精神引进了学校，致使学风丕变，名噪川北。自幼追求进步的朱德，于同年秋季慕名来校求学。那时朱德年方十九岁，正是求知欲旺盛的年华。

张澜知道朱德家境清贫，对他勉励有加。他尤其喜欢朱德爱好体育课，每当朱德奔跑在篮球场上时，他便鼓励在场外围观的学生向朱德同学看齐，到球场上去加强锻炼。他给朱德讲述东晋大将军陶侃朝夕运砖以习劳励志的故事，要朱德立志洗雪“东亚病夫”的奇耻大辱。

1906 年暑假，已经受到民主思想启蒙教育的朱德，为进一步探索救国救民之道，去成都投考四川高等师范学校，不久又远走昆明，进了云南讲武堂。朱德在顺庆府中学堂求学的时间仅仅一年，张澜的言传身教却给他留下了终生难忘的印象。

后来朱德担任了人民军队的总司令，凡是有机会向张澜致意，他总是要托人代致问候。

1944 年 9 月林伯渠由延安去重庆参加国共谈判，朱德托林伯渠代致张澜一信，信中写道：“你的事业我坚决支持。”因为张澜当时已是国民党统治区致力于民主革命的领导人了。与此同时，他还请林老将延安大生产运动中出产的一床蓝色方格呢毯带给张澜，表达对老师的敬意。

1945 年 8 月 30 日下午，毛泽东飞抵重庆参加国共谈判的第三天，亲自去张澜寄居的特园拜访，首先转告张澜：“你的学生朱德同志向你致以亲切的问候！”并且赞扬张澜“曾经教育过朱总司令这样的抗日报

朱德和他的中学老师张澜在北京
1949 年

国的当代英雄”。

张澜同朱德再次重逢是 1949 年 6 月 14 日下午，北平前门火车站。张澜同年 5 月在上海被国民党特务劫持，后经中共地下组织营救脱险。这次是应中共中央毛泽东、朱德、周恩来等电邀北上，参加新政协筹备的。朱德见到阔别四十四年的张澜，立即举手敬礼，表示学生对老师的崇高敬意。

闻　边／文

护国骁将

1915 年底，袁世凯宣布称帝，云南将领蔡锷等人在昆明首举义旗，发布讨袁檄文，组织护国军，誓师北伐。

1916 年 2 月初，护国军中路先头部队在董鸿勋的率领下抵达纳溪，会同川军陈礼门部合力向泸州进攻。不料担负后卫任务的川军未能抵挡住从两翼包抄过来的北洋军，董鸿勋部队腹背受敌，被迫撤回纳溪。

在这危急时刻，蔡锷急电朱德，要他立即赶往纳溪，接替董鸿勋的职务，担负起阻止北洋军南下的重任。

朱德受命于危难之际，他慷慨激昂地对官兵们说："袁贼大逆不道，丧权辱国，复辟帝制，十恶不赦，吾辈军人效忠共和，为共和而战，为共和而死！"

一声炮响，护国军开始向北洋军阵地发起攻击，双方展开了殊死的搏杀。

战斗持续到正午，朱德看到相持过久对护国军不利，如果采取强攻，护国军各方面都处于劣势，虽然士兵斗志正旺，但会造成重大损失。如果采取奇袭的战术，出其不意，攻其不备，定能取胜。于是，决定组建一支敢死队，对敌军阵地进行突然袭击。

夜幕降临，总司令蔡锷来到阵地，关切地问朱德是否有把握取胜。朱德充满信心地表示，只要人还在，就一定能取得胜利。朱德亲自带着数十名敢死队员穿过山坳，神不知、鬼不觉地进入北洋军阵地前沿潜伏下来。

拂晓，朱德一声令下，敢死队员们突然出现在北洋军的阵地上，一时间银光飞舞，杀敌无数。猝不及防的北洋兵惊慌失措，一直溃退到长

朱德在泸州
1916 年

江边。

这一仗，朱德赢得了“勇敢善战，忠贞不渝”的声誉。

姚建平 / 文

相遇贵相知

1922 年春，朱德终于冲出军阀混战的环境，到北京与挚友孙炳文会合。孙炳文激动地告诉朱德，有一个叫中国共产党的组织，宣传反帝反封建的政治纲领，是以劳苦大众的解放为斗争目标的政治组织。现在没有其他的路可走了，只有去找共产党。于是，他们登上南下的列车，去上海寻找共产党的组织。

在上海闸北区的一幢房屋里，朱德和孙炳文见到了共产党的负责人陈独秀。当朱德向陈独秀提出加入共产党的请求时，却遭到陈独秀的拒绝。他们失望地走出陈独秀的住所。此刻，朱德的心境坏到了极点，他无法理解为什么斩断了与封建主义的联系，却不能在新的环境中找到立足之地？

这年 10 月中旬，朱德和孙炳文踏上了欧洲大陆的土地。高耸入云的埃菲尔铁塔，美丽宁静的塞纳河，雄伟壮观的凯旋门吸引着他们。但是，当他们听说旅欧共产党组织的负责人周恩来正在德国柏林筹建组织的消息后，再也无心留恋巴黎的美丽风光，迫不及待地乘上前往柏林的火车。

在柏林瓦尔姆村皇家林荫路的一幢楼房里，朱德和孙炳文恳切地向周恩来倾诉着他们追求光明、追求真理的信念与决心，一腔肺腑之言打动着周恩来的心，他动情地表示愿意介绍他们加入中国共产党。

在德国的三年时间里，朱德和孙炳文广泛地阅读了马克思、恩格斯、列宁的著作，共同探讨中国革命的道路，积极地向中国留学生宣传孙中山提出的革命的三民主义，组织广大留学生参加各种活动。

1925 年 7 月，他们先后抵达苏联。由于国内斗争的需要，孙炳文

朱德和他的挚友孙炳文在四川泸州合影　1918 年

奉调返国，朱德则留在苏联学习军事。然而，临别时，他们谁也没有意识到，这一次分手竟成永诀。当朱德于 1927 年夏在武汉见到孙炳文的妻子任锐时，才获悉孙炳文已在这年 4 月 20 日惨遭杀害。

魏　华／文

帮助组织耕田队

1930年，轰轰烈烈的土地革命运动在井冈山革命根据地全面地开展起来了。东源乡的贫苦农民怀着无比喜悦的心情，在分得的土地上辛勤耕作。耕田的，除草的，送肥的，到处是欢声笑语。

朱德身背斗笠，穿一套旧军装，和几个红军战士帮助老乡们搞生产来了。

正在耕田的乡政府委员林老汉，见朱德朝他田里走来，连忙迎上去说："朱军长，您就好好歇一下吧，您日夜为穷人操劳，太辛苦了！"

"大爷，还是你们辛苦啊！您年岁这么大了，更需要多保重才好。来，您休息一下。"朱德拉林老汉在田边的一块石头上坐下，指着旁边的战士们说："让这些小伙子帮您一把。"

朱德一边干活，一边和身边的林老汉谈着种庄稼的事。忽然，朱德发现在这碧绿的田垄里，还有东一块西一块的田没有翻耕好。他指着这些田问林老汉："大爷，那些田是谁的呀？为什么不犁好插上禾呢？"

"提起这些田，还真难办呢。不是大家不发狠搞生产，硬是耕牛和农具太少了，忙不赢呀！"林老汉无可奈何地摇了摇头。"嗯，困难确实很大，不过季节不等人，我们得立即想办法解决！"朱德说。

"办法是想了，可各家各户不是缺农具，就是缺劳力，难办！"林老汉说。

朱德笑了笑，启发着林老汉："大爷，只要大家按照毛委员说的，组织起来，团结一致，人多力量大嘛，还有什么困难克服不了！你们有些人家有牛，但是缺犁耙；有些人家有犁耙又没有劳力。现在把大家组织在一起，有牛的出牛，有犁耙的出犁耙，没有的出劳力，大家互相帮

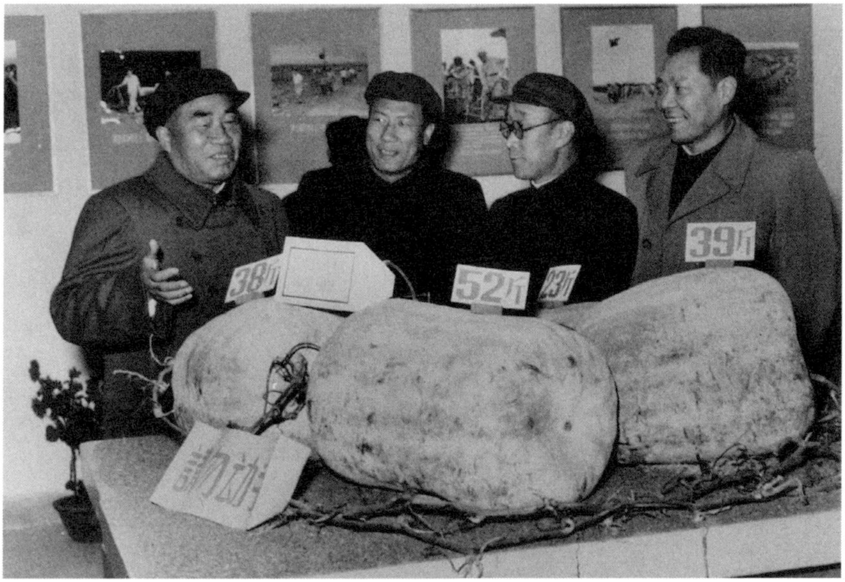

朱德种的冬瓜结出丰硕的果实　1958 年

助，你看这样行吗？”

“把大家组织在一起……”林老汉把手在大腿上猛地一拍，兴奋地说：“对，是个好办法！组织起来，成立耕田队，耕牛不够，只要有劳力，我们还可以打‘木牛’（即用人拉犁耕地）！”

朱德高兴地说：“对！这叫作组织起来力量大，众人拾柴火焰高啊！”

于俊道 / 文

朱德和两个孩子

1931 年冬的一天，朱德骑马带着队伍行进在泰宁县大竹山茂密的山林里。黄昏时分，部队来到一片阴暗的树林，迎面突然传来一阵小孩的哭喊声。

朱德迅速从马上跳下来，只见前面山腰上有两个黑影在蠕动。他把马拴在路旁的一棵树上，和警卫员走上山去。走近一看，原来是个大山洞，洞口躺着被白军杀害的一个中年妇女和一个婴儿的尸体，还有两个活着的孩子，年龄不过五六岁，身上穿着破棉袄。孩子见有人走过来，便很快躲进洞里。

朱德蹲在洞口喊："快出来呀，叔叔这里有好吃的东西。"两个孩子早已饿坏了，听见朱德的喊声，便慢慢地走出来，一见朱德手里拿着两个红薯，便扑上去争着吃起来。

朱德问他们几岁了，个子略高的孩子说今年七岁，弟弟今年五岁。说话中孩子看见朱德军帽上有一颗红五星，便笑了，他说："叔叔，我听阿妈说过，要找戴红五星的红军叔叔给我们报仇！"这时，他又看见警卫员头上也戴着红五星，便高兴得跳了起来，"你们就是红军？！"朱德微笑着点了点头。

这时，较小的那个孩子忽然哭着要找爸爸。朱德连忙给他擦了擦眼泪，说："好孩子不要哭，跟着这位红军叔叔去找阿爸。"说完又在警卫员身边轻声地说了几句话，便让两个孩子骑上马，由警卫员护送到红军医院去。

几天后，朱德行军路过红军医院。他特意在圩场上买了点花生、糕饼，去探望这两个孩子。他一进屋，两个孩子便向他跑来，亲热地叫着：

朱德在延安和孩子们在一起　1944 年

“阿叔来了，阿叔来了！”朱德随手把花生和糕饼交给护士，抱起只有五岁的那个孩子，和他们玩了一会儿，并叮嘱护士同志要好好照看他们。然后，又行军出发了。

于俊道 / 文

朱德打球

红军长征胜利到达陕北后，中央和军委机关都设在延安。机关附近建有一个简陋的篮球场，每天热闹非常，经常举行篮球赛。

朱德从小就喜欢体育，参加革命后一直注意锻炼身体，尤其喜爱打篮球。这时，他虽年近五十，但身体健壮，打球的技术也不错。当时喜欢打球的人太多，只好采取排队轮流上场的办法。遇到这种情况，朱德也同大家一样排队等候。有时候，排在前面的战士们见总司令等的时间长了，觉得过意不去，就主动让他先上场。朱德总是婉言谢绝说："要不得，要不得，战场上我是总司令，球场上我是队员，和大家一样，按顺序来，按顺序来。"

有一次，同军委机关赛球。由于朱德动作灵活，投篮准确，比分逐渐拉开。对方打得有些急躁，防守和进攻都比较凶猛。一次，朱德运球到篮下准备投篮时，防守队员跳起封盖，因用力过猛，把朱德的鼻子打出了血。这位队员一见碰伤了总司令，立刻紧张起来。朱德却十分平静，一边安慰那个队员，一边擦去鼻子上的血，朝队员们一挥手，说："来，接着打吧！"比赛结束后，那个队员一再向总司令道歉，还请求处分。朱德笑着说："球场打球不分上下，谁有本事谁得球。不是故意伤人，只能算犯了球规；犯了球规就罚球，不存在处分的问题。再说球场就是战场，比赛不让人，没点拼劲怎能赢球呢？"

于俊道／文

抗战时期，朱德和战士们一起打球

你在山西的工作开展得很不错嘛

1937 年秋，朱德率领八路军一一五师、一二〇师、一二九师先后开赴山西战场。9 月下旬，薄一波带领青年抗敌决死队从五台去盂县。途中，朱德和薄一波相遇。多年来，朱德在薄一波的心目中总是一位威风凛凛的大将军，令人敬畏。但见到的朱德却是平易近人、和蔼可亲，竟是一位老农式的人物，薄一波顿感惊奇。

薄一波自我介绍说："我叫薄一波，是共产党员……"

"不用说了，我知道。"朱德没等薄一波说完就打断了他的话。

薄一波说："我虽然带领一支部队，却不会打仗。我们在山西组织了一支新军，叫山西青年抗敌决死队，相当于一个团。我们准备在五台地区创建抗日根据地，坚持抗战。"

朱德听了薄一波的话，明确地对他说："这个地区是战略要地，北上可以威胁北平，南下可以直驱太原，是个进可攻退可守的地方。八路军准备在这个地区建立抗日根据地，你们就不要在这里了。"

朱德继续说："你在山西的工作开展得很不错嘛！我从延安出来时，毛主席和我谈过，我们要把军队插到敌后去创建抗日根据地。我们跟日本打的是持久战，和下围棋一样，总要在敌后沦陷区做几个活眼，以便在敌后同敌人长期周旋。现在，我们首先要占据晋察冀、晋西北、晋东南这三个战略要地。"接着，朱德又说："现在给你一个任务，马上率部南下，到晋东南太行山区去，要占据那个地区，不准其他人进入。我们得到情报，国民党已委任托派、汉奸张慕陶为上党地区专员、游击司令，他要占据那块地方。你要立即设法得到阎锡山的许可，把决死队开到晋东南去，把张慕陶撵走！你能不能办到？"

朱德和薄一波（右一）参加晋东南各界召开的拥护抗战、反对投降大会　1939 年

“能办到！”薄一波毫不犹豫地回答道。接着，薄一波又向朱德汇报说，部队的干部政治素质较高，但是不会打仗，要求组织上给他们派一些军事干部。朱德当即爽快地答应：“行，要多少给多少。”

于俊道／文

朱玉阶真心愿意我们抗日有成绩

抗日战争开始后，朱德亲率八路军开赴华北前线建立抗日根据地。

当时八路军隶属第二战区。卫立煌是第二战区前敌总指挥，后来是第二战区副司令长官。朱德十分重视团结卫立煌共同抗日。1938 年 1 月，朱德和卫立煌同车去洛阳参加蒋介石召开的高级军官会议。途中，朱德给卫立煌讲了自己从旧军队走向革命的亲身经历。卫立煌肃然起敬。他觉得朱德不仅是一位名扬天下的战将，而且是一位忠诚的爱国者和革命家。

当时，卫立煌的一部分部队属朱德指挥。朱德指示八路军第一二九师要尽力帮助友军进步，解决其行动中的困难，要以诚恳的态度对待友军，切戒骄傲。

1938 年 8 月，朱德回延安参加党的扩大的六届六中全会，顺路去拜访卫立煌。这次他俩长谈了两个整天。朱德送给卫立煌两匹缴获的日军洋马，特别高大，身上的毛油光闪亮，卫立煌很喜欢。卫立煌送给朱德一批新式大号手枪，另外还送了一支刻有“立煌敬赠”字样的美国雪佛利牌的自来水笔。朱德走后，卫立煌对他的秘书说：“朱玉阶对我很好，真心愿意我们抗日有成绩。这个人气量大、诚恳，是个忠厚长者。”

周中菊 / 文

朱德与卫立煌（右一）在一起　1940 年

中国的同志有一种艰苦奋斗的真诚

1937 年底，美国人斯特朗看到埃德加·斯诺写的《红星照耀中国》一书，对中国共产党的领导人及其领导的军队产生了浓厚的兴趣。作为一名记者，她决定亲自到中国西北部那一片令人神往的土地上去采访。

1938 年 1 月的一天，一辆老式的福特卡车载着斯特朗，穿过狭窄的山谷，来到了洪洞县马牧村。八路军总司令朱德早已在寒风中等候她的到来。

“你们是在政府统一的指挥下还是作为政府的同盟军在前线作战的？”在一幢普通的民房里，斯特朗开始了对朱德的采访。

“我们是政府的正规部队，是第二战区的一部分，我们的顶头上司是第二战区司令长官阎锡山。我们可以打阵地战，也可以打运动战。但在目前的对日作战中，由于是在敌后作战，所以我们采用游击战术。我们认为，拯救中国的希望主要在于华北的游击部队，不仅是我们，还包括自愿组织起来的农民。”朱德坦率地阐述了自己的看法。

“那么，你们是怎样对日作战的？”斯特朗接着问道。

“我们的战略前提是进行持久战，以便赢得战争。为了达到这一目的，我们认为不仅要教育和组织部队，而且要教育和组织人民。同时要组织人民改善他们的生活条件。”朱德充满信心地回答着。

谈话一直持续到深夜，气氛平静而又坦诚。

这年 4 月，斯特朗结束了在中国的采访，临行前她在给朱德的信中写道：现在已经是深夜，我这几天都是夜晚 2 点睡觉，早上 7 点起床，明天早上我又要赴香港，我太疲倦了，不能给你写封长信……但是，在我离开中国武汉之前，我不能不给你说几句话，以表示我对八路

朱德和美国作家斯特朗
1946 年

军同志们为我们共同的目的而献身事业的敬佩，为着中国的自由，也为着全世界的自由……中国的同志有一种艰苦奋斗的真诚，有一种对同志的炽灼热情……这在世界上其他地方是无法得到的。我很幸福，因为我在一个世界上，在一个世界的运动之中，那中间，有中国的同志们，也有你……

魏　华 / 文

伫马太行

1938年3月，朱德到太行山区建立抗日根据地，指挥华北的抗日斗争。对此，日本侵略军感到极大的威胁，调集了几万大军，分九路向晋东南抗日根据地进行围攻。朱德成竹在胸，沉着地调兵遣将，有条不紊地部署各项工作。他发动群众坚壁清野；同时决定以少数兵力牵制各路进攻的敌军，而把主力隐蔽集结在敌军合击圈以外，伺机歼敌。

八路军总部处在敌军的包围中，需要不断转移。有一天，总部转移到漳河边的一座小山上，发现三面都是敌军，一面又临河。当时正下着雨，河水上涨。朱德和总部的处境十分危险，大家的心情紧张起来。朱德却不慌不忙，披着雨衣去察看水情，打算把总部转移到漳河对岸去。但是河宽水急，渡河困难。他想起了秘书孙泱水性很好，就写了一封信，让他装在水壶里，泅渡过河去联络部队。同时，带过去一根绳子，一头留在河岸这边，一头固定在对岸的大树上。然后，大家抓着绳子渡过河去。那时，朱德已经五十二岁了，也一手抓住绳子从急流中蹚过河去。这样，总部才脱离了险境。

敌军在根据地乱碰乱撞了几天，朱德终于找到了歼敌的战机。他发现南路敌军距离其他各路敌军较远，加上缺吃少喝，得不到休息，已相当疲惫。他判断这股敌军下一步的行动方向可能是进攻武乡县，而在这里歼灭这股敌军比较有利。于是，他命令集结在敌军合击圈以外的八路军主力迅速赶到武乡，追歼这股敌军。隐蔽待机的部队接到命令后，立即向武乡急进。15日傍晚，他们赶到武乡县城附近时，敌军带着辎重骡马刚离开武乡向襄垣方向退去，他们紧追不舍。16日清晨，终于在长乐村附近追上并歼灭了这股敌军。此役共歼灭敌军二千二百余人，击

朱德在山西武乡　1939 年

毙战马五六百匹，缴获了一部分枪支弹药和其他军用品。

长乐村战斗以后，其他各路敌军更加心惊胆战，为了逃避被歼的命运，纷纷退出根据地。日军处心积虑策划的九路围攻，就这样被彻底粉碎了。从此，一直到朱德返回延安以前，八路军总部一直驻扎在太行山区。

龚希光 / 文

赤诚与共

1938 年 6 月，朱德的老师李根源在新疆患了心脏病，到西安医治，住在西安郊外宋家花园。一天，朱德从临汾前线来到西安，由林伯渠和西安办事处主任伍云甫陪同，到宋家花园看望李根源。

这次重逢，李根源情绪异常兴奋，他和朱德谈了一些新疆的情况，并告诉朱德，他已开始接触马列主义，认识到唯物主义是科学的。可惜现在病倒了，不然就去苏联游历了。朱德担心李根源过于兴奋对康复不利，坐了半个多小时就告辞了。

两天后，朱德在林伯渠的陪同下，第二次来到宋家花园，还带了一本刚出版的，由毛泽东亲笔签名的《论持久战》送给李根源。朱德讲了一些解放区军民鱼水关系的生动事例。他说，八路军中从干部到战士都实行供给制，此外有少量不等的零用津贴费，但大多数人都用不了。辛亥革命胜利后，云南军都督府从蔡松坡先生起，每人月薪都是六十元，廉洁成为一时风尚。而今天国民党政府贪污成风，真是可耻。朱德接着说，忠孝仁爱是中国传统的封建道德，今天必须重新解释，忠是忠于国家，而不是忠于皇帝，孝是做人民的孝子，而不是光做父母的孝子等等。朱德还托李根源带信给龙云等人，劝导他们一定要抗战到底。

1950 年 6 月，全国政治协商会议召开第二次全体会议，特邀李根源到北京参加。自西安分别后，已十余载，如今在京华重逢，欢悦之情不言而喻。次日晚，朱德于颐和园设宴招待李根源以及熊克武诸位先生。

后来李根源决意常住北京，愉快地度过了他的晚年。

1965 年 6 月，李根源病危，病情日益恶化，北京医院向朱德做了汇报。7 月 4 日，朱德亲临医院看望。但他已陷入昏迷状态，不省人事。

朱德和他的老师李根源先生　1964 年

朱德在李根源的病榻前坐了约半个小时，他仍未清醒过来。7 月 6 日，李根源去世，朱德亲临嘉兴寺主持追悼会。

闻　边／文

尔雅台诗话

尔雅台在四川乐山城东南青衣山乌尤寺内的临江绝壁上，是乌尤寺游览区的著名古迹之一，相传为汉代犍为郡郭舍人笺注《尔雅》之处。在这风景绮丽、视野开阔的蜀中胜地，流传着两位革命前辈——朱德与郭沫若的一段佳话。

1939 年 9 月初，郭沫若趁第二次从重庆返回故乡乐山料理父亲丧事的机会，重游了阔别二十六年的乌尤寺——这是他少年时代在乐山城中读书时经常登览之处。游览乌尤寺后，郭沫若夫妇回到与乌尤寺一江之隔的金灯村七妹夫家，写下了《登尔雅台怀人》一诗：

依旧危台压紫云，青衣江上水殷殷。

归来我独怀三楚，叱咤谁当冠九军。

龙战玄黄弥野血，鸡鸣风雨际天闻。

会师鸭绿期何日，翘首燕云苦忆君。

诗前小序说："1939 年秋返嘉州，登尔雅台怀玉阶先生。"玉阶即朱德的字。这首寄怀诗经过相当长的时间才辗转送到朱德手里。1944 年，朱德在戎马倥偬中写出了《和郭沫若同志〈登尔雅台怀人〉》一诗：

回顾西南满战云，台高尔雅旧情殷。

千村沦落悲三楚，四位英雄丧廿军。

北国翻新看后劲，东邻殒越可先闻。

内忧外患澄清日，痛饮黄龙定约君。

贯穿在两个革命战友诗中的除了互相深沉的怀念外，就是对河山破碎的愤慨以及对抗日战争的必胜信念。

新中国成立后的 1963 年 4 月 23 日，朱德到乐山视察，游览了乌尤

朱德和郭沫若　1964 年

寺，在尔雅台前欣赏古碑，流连不去。他对同行的人说：“可惜沫若没有一道来。”

闻　边／文

朱德和印度援华医疗队

1940 年的一天，八路军总部朱德的小屋里比往日热闹了许多。朱德用白瓷杯给客人一一倒茶。印度援华医疗队的同志们坐在炕沿上，对这里的一切无不感到新奇。朱德向印度朋友介绍了中国抗战的形势、敌后各战场的概况和八路军游击战争的主要经验。忽然柯棣华提出一个问题："为什么印度和中国这两个命运相同的国家，目前所采取的斗争方式是如此之不同，总不能用天赋论去解释这些现象吧？"

朱德笑容满面地回答说："当然不是中国人民有特别的天赋。最初我们也走过弯路，是敌人的屠杀和人民的流血使我们觉醒了，我们才搞起武装斗争来。这要感谢马克思、恩格斯、列宁和斯大林。他们创造并且丰富了马列主义理论宝库。这是武装我们的强大思想武器。我们中国人民还要感谢毛泽东同志，在他的领导下，我们的革命才得以迅速发展，人民才明白了革命的最终目的、前途和方法。也就是你说的，他们变得聪明、勇敢，有远大的理想和百折不挠的乐观精神。"朱德一谈起自己的人民，就掩饰不住内心的喜悦。他那饱经风霜的脸庞上再次泛起笑容："人民一旦掌握了马列主义，他们的智慧和勇敢就会无法估量。这个道理，在各个国家都是一样。"

停了一会，朱德收敛了笑容问："白求恩同志，你们知道不？"三个印度朋友都说知道，看过报道，知道他上个月 12 日在前线牺牲了。朱德接着说："白求恩同志为中国人民的解放事业献出了宝贵生命。他在弥留时刻还满怀信心地祝愿中国人民取得革命胜利。我们要是不打败日本帝国主义，便对不起白求恩和一切热情帮助我们的同志。"

隔了一天，朱德的警卫员把当地农民张福星请到总部，请他代做一

朱德在晋东南八路军总部接见印度援华医疗队成员　1940 年

桌“太行饭”宴请贵宾。吃中饭的时候到了，小米饭、地瓜菜端了上来。朱德风趣地说：“咱们八路军出师以来，就是靠小米加步枪把飞机加大炮的日本侵略军打得焦头烂额。”

1940 年初，张店战役打响了。朱德批准柯棣华、巴苏华随一二九师的一个团参加战斗。柯棣华大夫同战士们一起奔赴前线，设立了前沿救护所。

闻　边／文

屯田垦荒度时艰

1941 年至 1942 年正是敌后抗战最为困难的时期。日寇的“扫荡”、掠夺，国民党军队的围困、封锁，加上水旱灾荒，抗日根据地的财政经济发生了严重的困难。为了继续完成抗日大业，战胜困难，党中央制定了“生产自救”的方针，号召陕甘宁边区军民自力更生，精兵简政，开展大生产运动。

这时，王震率三五九旅刚从华北前线调回陕北。他把部队安顿好以后，立即去延安向毛泽东、朱德请示工作。朱德说：“边区地广人稀，我们这样多的机关部队如果都靠人民负担，那怎么行呢？部队参加生产，不仅可以休养民力，增进军民关系，还可使部队在劳动中得到锻炼。所以我们一定要把生产自给运动开展起来，用我们劳动的双手建立起革命家当。”

王震当即表示：“我们坚决响应党中央的号召，保证在不影响战斗、训练的情况下，参加垦荒屯田，做到全旅生产自给。不过——”他略微停顿了一下，迟疑地望了朱德一眼，说：“我们有的是决心和力气，只是还找不到一块足够我们开垦的荒地。”

朱德哈哈大笑：“地嘛，现在倒是有一块，不过可是一块难啃的骨头，就看你王胡子的牙齿硬不硬。”

王震一听，眉飞色舞地站了起来，说：“在哪儿？只要有地，即使有天大的困难，我们也能战胜它！”

朱德爽朗地笑了：“我早就料到你会这么说。”他拿来一张陕北地图指着说：“延安东南九十里左右的地方，有个南泥湾，据说可耕地有一百多万亩。最近，延安有些机关、学校想去那里开荒，并且去看过。

朱德和王震（左一）在一起　1937 年

可是回来都说他们力量有限，怕啃不动。如果你们愿意去，倒挺合适。要是能搞好，将会对解决边区的经济困难，支援抗战起很大的作用哩！”

王震一听，果断地站起来说：“总司令，就这么说定了，把任务交给我们旅吧！”

“好！”朱德高兴地站起来，对王震说，“你回去先跟大家商量一下，听听各方面的意见，考虑一个完成这项任务的具体方案。有时间的话，我也很想亲自到南泥湾去看一看。”

闻　边／文

开荒种地

1942年，国民党军队同日本侵略军对中国共产党领导的抗日根据地实行残酷的经济封锁。为了打破敌人的封锁，毛泽东向全党发出了“自己动手，丰衣足食”的伟大号召。朱德亲自组织和参加了陕甘宁边区军民轰轰烈烈的大生产运动。

每逢劳动日，朱德总是扛起镐头，走在开荒大军的前面。同志们担心朱德的健康，对他说：“首长，我们这么多人，每人多抡一镐就把您的活儿带出来了。”朱德擦擦身上的汗，笑着对大家说：“我小时候也种过地，掏过粪，那时是为了糊口。现在毛主席号召我们大生产，是为了打败日本帝国主义，解放全中国，我们多开一分地，战胜敌人就多一分力量啊。你们替不得，替不得啊！”说完又抡起大镐干起来，硬是和战士们一样，完成了中央机关工作人员规定的开荒任务。这一年，朱德种的粮食和蔬菜都获得了大丰收。

于俊道／文

朱德开荒种地

我们一定会有自己的海军

这是 1943 年 9 月的一天。晚饭过后，朱德和康克清，还有总部的几名工作人员，一同来到延河边上散步。一路上，大家不时被朱德那诙谐的话语引得笑声不断。

这时，一群鸭子顺着延河水游了过来，大家伫立在河边凝视着在水中嬉戏的鸭群。

“老总，”康克清亲切地称呼朱德，开着玩笑说，“你的舰队开过来了，你数一数，到底有多少只军舰？”

康克清的话把在场的人都逗笑了。

“你可不要小看这支舰队，它们会很快发展起来的。”朱德指着鸭群，微笑着说道。

“总司令，我们什么时候才能建立一支海军部队？”曾经担任总部作战科长的黄鹄显问道。

朱德听罢，收敛起笑容，认真地对大家说：“虽然我们目前还不具备条件，但是，等到新中国成立后，我们一定会有自己的海军。”

短短的两句话，使大家陷入无限的遐想之中，他们多么希望这一天能够早日到来啊！

1949 年 4 月，人民解放军的第一支海军部队——华东海军组建起来了。朱德在题词中勉励他们：“虚心学习，努力工作，建设一支人民海军。”一年之后，海军领导机关组成，正式成为中国人民解放军的一个军种。朱德当年的预言变成了现实。

朱德在担任人民解放军总司令期间，十分关心海军的建设。他曾经寄语海军官兵：我们已经有了人民的海军，虽然建立不久，舰船还不多，

八十八岁的朱德登上舰艇
1974 年

设备还不够完善，许多事情需要从头做起。但是，经过一定时期的努力，我们必将拥有一支强大的和陆军同样英勇善战的海军部队。

1974 年 8 月，年届八十八岁高龄的朱德登上了我国自行设计制造的新型驱逐舰。听说军舰的零件设备都是自己生产制造的，他紧紧地握住海军官兵的手，兴奋地对大家说："谢谢同志们为建设强大的海军努力奋斗！"

操练演习开始了，当朱德看到一艘艘新型的舰艇劈波斩浪、飞速前进的雄姿时，他欣慰地笑了。

姚建平 / 文

总司令惦记着我，我更想他老人家

1944 年 7 月 23 日，天刚麻麻亮，杨步浩赶着三头毛驴，驮上一石新收的麦子上了路。他这是去见朱德。这位精干瘦小的中年汉子心里美极了，嘴里还唱着秧歌调呢。

杨步浩来到朱德住地王家坪时，不巧，朱德出外看庄稼去了。杨步浩卸下麦子就要回去。他对康克清说："这是我为总司令代耕的一石麦子。"

康克清硬把他挽留住，说："好些日子没来了，总司令可惦记你呢！等一等，他晚上就回来了。""总司令惦记着我，我更想他老人家！"杨步浩没有推辞就住下来了。

晚上，朱德风尘仆仆地回来了，见到杨步浩，亲切地询问他的家庭情况。杨步浩说："我在旧社会受地主剥削，没有吃，没有喝。革命后，共产党分给我土地、窑洞和牛羊。现在，我一家人好吃、好喝、好穿、好戴。您保护了我们过安宁的日子。今天，给您老人家代耕这一石麦子，是我的一点心意，表达我感谢共产党和八路军对我的恩惠。"朱德笑着说："嘿，你一天受苦受累的，还要替我代耕，我可得好好谢谢你啊！"

听到朱德赞扬自己，杨步浩红了脸。他忙说："我们忙什么，比总司令差得远了。"不知是激动，还是局促，他端起茶杯咕嘟咕嘟地喝了个干。

朱德又满满地给他倒了一杯水，兴奋地说："今天，我去各处看了看庄稼，长得很不错，你那里怎样？""好着哩！麦子丰收了，大秋苗架好，准得大丰收。"

当朱德听说杨步浩的妻子有病时，再三说：

杨步浩从延安来北京看望朱德　1975 年

“你婆姨的病治不好可以送到我这里来。这里有好医生，有好药。”听了朱总司令的话，杨步浩心里热乎乎的。

第二天，天蒙蒙亮，朱德到菜园里摘了一筐自己种的西红柿，对杨步浩说：“这西红柿是我自己种的，你拿回去和乡亲们尝尝。”并再三地嘱咐杨步浩：“回去一定要把庄稼种好，夺得大丰收。”

杨步浩回到家里，对乡亲们说：“今后，咱们更要努力生产，拥护革命，支援军队。”

周中菊／文

照总司令的意见办

1944 年，抗日战争处于战略反攻的前夕。为了迎接全国的大反攻，把日本侵略者赶出中国，对付国民党军队可能挑起的突然事变，党中央于 7 月 1 日颁发了关于整训部队的指示，确定在现有基础上加紧整训部队，提高部队的军政素质，为将来我军发展一倍乃至数倍准备条件。在这种形势下，军委决定，在八路军炮兵团的基础上成立我军第一所炮兵学校，命名为“延安炮兵学校”。

1945 年 8 月 1 日，炮兵学校举行隆重的开学典礼。会上，朱德就组建我军第一所炮兵学校的重大意义做了详细的论述，号召全校同志继承和发扬红军大学和抗日军政大学的光荣传统，把学校办好。朱德的号召，给全体教职员工以极大的鼓舞。大家纷纷表示：要终身为人民炮兵事业奋斗，在炮兵建设上做出成绩，不辜负党中央的关怀和期望。开学典礼结束后，朱德根据一些学员到校后，看到装备很差，生活条件艰苦，要一面学习一面参加生产劳动，因而不够安心的情况，亲自同七名营级学员谈话，耐心地解答了他们提出的有关学习和生活上的问题。特别是针对他们的思想问题，给予了谆谆教诲。使炮校同志们难以忘怀的另一件事是，炮校举行开学典礼时，原计划为首长们进行迫击炮和山炮实弹射击演习，朱德看完典礼议程后，把山炮实弹射击项目取消了。他说：“一发山炮弹就是一个中农，不能打，节省下来消灭敌人。”

为了加强炮兵的建设，朱德就炮校迫击炮主任赵章成关于加强迫击炮知识教育和兵工生产的建议，于 8 月 6 日给党中央写了《关于建设迫击炮分队及兵工生产的意见》。毛泽东于 8 月 12 日批示：“照总司令的意见办。”在毛泽东和朱德的关怀下，炮兵部队在很短的时间内就有了

朱德视察第一坦克学校　1959 年

很大的发展，形成了一支重要的火力突击力量，为夺取解放战争的胜利做出了贡献。

于俊道 / 文

人民的光荣

1946 年 11 月 30 日，党中央在延安为朱德六十寿辰举行庆祝会。

上午，延安的大街小巷插满了大大小小的红旗，中央大礼堂的门口，悬挂了一块红布，上边用黄米粘成一个斗大的“寿”字。寿堂正中的墙壁上悬挂着毛泽东的亲笔题词“人民的光荣”。中央的贺幛上写着“万年长青”四个大字。

中午 1 时许，朱德在一片锣鼓声和欢呼声中乘车来到了寿堂门前。他身穿一身普通的灰布军服，外面罩着一件斗篷，步履轻捷。孩子们向他献上鲜花表示祝贺，激动的人们高呼着：“毛主席万岁！”“朱总司令万岁！”

当天晚上，中央大礼堂举行了庆祝大会。人们频频向朱总司令举杯敬酒。

刘少奇代表党中央致贺词。接着周恩来讲话，他说：“……亲爱的总司令！你六十年的奋斗，已使举世人民公认，你是中华民族的救星，劳动群众的先驱，人民军队的创造者和领导者。……你的革命历史，已成为 20 世纪中国革命的里程碑。……”

周恩来的话代表了所有人的心声，会场上响起了热烈的掌声。

当朱德从座位上站起来，迈着坚实的步伐向讲台走去的时候，会场上的掌声长时间不停。他用饱含深情的语调说：“中国人民很早就干革命，前仆后继……我是一个农民的儿子，所有农民的儿子都是要革命的，那时不成功是摸不到路，后来找到了，加入了中国共产党。……反动派一定失败，中国人民一定胜利，我自信可以亲眼看到中国革命获得成功！”

王纪一 / 文

中共中央为朱德六十诞辰祝寿　1946 年

向全国进军的命令

1949 年 3 月 25 日，中共中央、中央军委机关和中国人民解放军总部由西柏坡迁到北平。当天下午，朱德和毛泽东、刘少奇、周恩来、任弼时等出席了在西郊机场举行的阅兵式，受到北平各界代表和民主人士的热烈欢迎。

从 4 月起，朱德一面协助毛泽东、周恩来部署二百万大军的渡江作战，一面对城市的生产建设进行具体指导。4 月 11 日，他对即将南下的第四野战军高级干部讲话，指出“现在国内形势比任何时候都要好”，“敌人的主力兵团约五百万人已被我先后消灭。现在敌人所余下的仅是残余的军事力量，总共二百万人左右。其中战斗部队不过一百四十万人，而且派系庞杂，各自为政，已无强大的抵抗力量，战斗意志极为低落。因此反动政府要找我们和谈，企图借和谈拖延时间，重整力量，部署江防，以图负隅顽抗。我们不要被敌人欺骗，我们要积极准备迅速南下渡江，解放全中国”。

朱德要求南下部队认真执行党的各项政策，严格遵守纪律，争取大多数，一步步战胜敌人；同时要担负起工作队的任务，学会做群众工作、政权工作和接收工作，取得全国的最后胜利。

不久国民党政府拒绝在《国内和平协定》上签字，毛泽东、朱德 4 月 21 日联名发布《向全国进军的命令》，命令中国人民解放军“奋勇前进，坚决、彻底、干净、全部地歼灭中国境内一切敢于抵抗的国民党反动派，解放全国人民，保卫中国领土主权的独立与完整”。随着命令的下达，中国人民解放军百万大军在东起江苏省江阴，西至江西省湖口，在长达五百千米的战线上，分三路强渡长江天堑，以摧枯拉朽之势粉碎

朱德在开国大典上宣读中国人民解放军总部命令　1949 年 10 月 1 日

了国民党当局苦心经营的防线。

4 月 23 日，中国人民解放军占领南京。

于俊道 / 文

视察石景山钢铁厂

1949 年 7 月 1 日，北平刚解放不久，石景山钢铁厂在国民党留下的破烂摊子上又要开工生产了。突然有消息说，朱德也要来参加开工典礼，同志们都高兴得跳起来了。

下午 3 点钟，朱德登上用木板搭成的主席台，微笑着向欢呼的群众招手致意，他用洪亮的声音对大家说："现在我们要建设自己的国家了，搞建设就是建家务，要迅速清除敌人造成的破坏，恢复和发展生产。你们多炼一炉铁、一吨钢，就是给咱们国家多创造一份家当。革命的家当越多越好哇！"稍停一下，他又回过头来对军代表们说："过去我们都是打仗的，不懂得炼钢炼铁。现在要搞建设，不懂怎么成呢？国内外的敌人都在眼睁睁地看着我们，他们算定我们什么也搞不成。我们怎么办？只有好好学习，边学边干，一定要干出点名堂来。向谁学呢？向老工人们学习，向技术人员学习，老老实实地学，恭恭敬敬地学。只要钻进去，三年、五年、八年，你们就变成搞钢铁的行家啦……"

厂里有个 2 号高炉，日本鬼子投降前把炉缸铸成了铁疙瘩。国民党接收后没办法，2 号炉白扔了三年多。工厂回到人民手中后，工人们出主意、想办法，使 2 号炉获得了新生。高炉投产的那天，朱德又赶去祝贺，并亲自剪彩，鼓励大家发扬主人翁精神，克服困难，努力生产。临走时，他留下一句话："有好消息，要随时告诉我，我再来看！"

"朱总司令在管我们要好消息哩！"同志们一天三班倒，没日没夜地拼。到 1951 年底，全厂生铁的年产量就超过了新中国成立前的最高纪录。

消息传到中南海，朱德十分高兴，给厂里写了祝贺信。信上说："你

朱德视察首钢　1959 年

们的厂是我国仅有的几个钢铁厂之一，我曾亲自来看过。……你们的厂目前虽然还只能每年生产几十万吨，但国家对它希望很大，它是有很大发展前途的。因此，我希望你们更好地努力，学习苏联的先进经验，学习钢铁生产方面的新技术，为石景山钢铁厂未来的发展，奠定一个稳固的基础。”

于俊道 / 文

关怀人民空军的建设和发展

1950 年初，朱德给毛泽东接连写了两个报告，提出要迅速建立海军、空军、工程兵和铁道兵，以加速解放军的正规化、现代化建设。

在现代战争中，没有一支强大的现代化的空军，就没有制空权。朱德说，没有制空权的军队就要被动挨打，没有制空权的国家必然遭受侵略。“建设空军是刻不容缓的事情，不管家务大小，困难多少，我们非好好办不可。”朱德向广大空军官兵发出号召：“建成一支完全新式的、强大的人民空军。这支空军，要在我们所有的领海和领空上初步取得制空权，能够击退任何侵略者的进攻。空军里的每一个人员，都要清楚地了解这个任务，并想种种办法，尽一切可能去完成这个任务。”

朱德对空军建设十分关心，常在百忙之中抽出时间出席空军召开的一些业务会议，利用一切机会直接给部队指战员做思想工作，勉励他们加强训练，努力掌握技术，按照毛泽东思想加速建设起一支新式的人民空军。朱德对空军的建设，大到建军路线，小到伙食改善，都有详尽的指示。我国第一批女飞行人员开飞典礼，就是由他亲自主持的。1951 年，我空军部队飞赴朝鲜战场前夕，朱德顶风冒雪到前线机场检阅部队，勉励指战员们要打出中国人民的威风。

在空军政治工作会议和空军参谋工作会议上，朱德提出要精心研究科学技术，他说：“空军能不能建设好，掌握技术是个关键。在一定意义上，技术决定一切。……空军作战的胜负，有时往往是一分钟一秒钟的事情。只有掌握了技术，才能战胜敌人，不然就要被敌人所打败。因此，所有的人员都应当学会技术。……使我们一出马就能打胜仗，收复沿海诸岛，光荣地完成彻底解放全国的伟大任务，并为建设新中国的强

朱德关心人民空军的建设

大空军打下一个牢固的基础。”

朱德经常去视察空军部队和机场设施，参加航校的开学和毕业典礼，参观飞行表演和教学展览，为建设和发展空军呕心沥血。

于俊道／文

朱德和金汉鼎

1951年9月的一天，朱德从秘书那里得知，金汉鼎随云南参观团来到北京参加国庆观礼。他立即让秘书把金汉鼎接到家中。

故友重逢，自然欣喜万分，畅叙旧情……四十二年前，朱德和金汉鼎一同踏进云南陆军讲武堂的大门，成为同窗好友。毕业以后，他们又一起参加了辛亥昆明起义，为推翻清王朝的专制统治冲锋陷阵。在护国讨袁战争中，他们率领各自的支队（相当于团）出兵四川，屡建战功，使北洋军闻风丧胆，在川蜀留下了“金朱支队惹不得”的佳话。

1922年3月，在唐继尧的通缉下，朱德和金汉鼎逃离昆明，西上入川。不久，他们来到上海。当时，正值陈炯明在广东叛乱，孙中山被迫离粤来沪。他们在上海法租界见到了敬仰已久的孙中山，孙中山恳请他们回粤讨伐陈炯明，并愿提供十万大洋资助滇军，金汉鼎欣然应命，朱德则因为出国寻求革命真理的决心已定，婉言谢绝了孙中山的请求。

1927年初，从欧洲回国不久的朱德根据党的指示来到江西南昌创办第三军军官教育团。在这里，他见到了分别五年的金汉鼎。

同年4月，蒋介石发动四一二反革命政变，大肆屠杀革命人士，南昌陷入白色恐怖之中，朱德也被江西省主席朱培德“礼送”出境。7月下旬，朱德接受党的指示返回南昌进行暴动的准备工作，他曾力劝金汉鼎投入革命阵营，到广东重建革命根据地，讨伐蒋介石。但是金汉鼎拒绝了朱德的规劝。从此，两人天各一方，泾渭分明，在敌对的阵营中互相搏杀。

二十二年来，朱德和毛泽东等领导着人民革命武装历经磨难、浴血奋战，终于建立起一个崭新的人民共和国。而金汉鼎为蒋介石效命，却

朱德和金汉鼎在全国政协团拜会上　1964 年

屡遭贬斥。1949 年 12 月，在中国共产党的感召下，他毅然做出加入革命阵营的选择，随同国民党云南省主席卢汉起义……

叙谈中，朱德关切地询问起金汉鼎的生活和工作情况。对于朱德的关心，金汉鼎倍加感激。他觉得已经成为国家领导人的朱德依然没有忘却他们之间的故友之谊。

肖　遥 / 文

关心和支持手工业

1953 年 11 月至 12 月，党中央在北京召开第三次全国手工业生产合作会议。朱德在会议上针对一些同志轻视手工业，认为“国家工业发展了，手工业就不需要了”的错误观点指出，“手工业生产在我国国民经济中占有很重要的地位”，尤其“在我国工业建设初期，轻工业远远不能满足人民日益增长的需要，手工业的重要性便更为显著”。

在这次讲话中，朱德还着重谈了对手工业进行社会主义改造的重要意义和组织手工业生产合作社的方法、形式、政策等问题。会议根据党中央和朱德讲话的精神，对手工业的社会主义改造，确定了“积极领导，稳步前进”的方针。

这次会议结束以后，全国手工业合作化的进程发展很快，但也出现了一些冒进的苗头。朱德一直注视着这个进程，经常找薄一波、程子华等了解情况，并告诫他们要防止冒进。

1954 年 12 月 24 日，为总结一年来手工业合作化的经验，党中央在北京召开了全国第四次手工业生产合作会议，朱德在会上作了《要把手工业生产合作社办好》的讲话。他提出国家要扶植手工业，还特别强调要保护和发展各种工艺美术品行业，说：“有很高手艺的老师傅是勤学苦练成功的，应该受到国家和人民的尊重和爱护，应该给他们优待。老师傅把高明的手艺传给青年后辈，是新社会给他们的光荣任务。希望他们不要保守，否则‘人亡艺绝’绝技就要失传了。”

于俊道 / 文

朱德参观全国工艺美术展览　1957 年

在十三陵水库工地

1958年2月9日是个星期日，在十三陵水库工地劳动的人们早已忘记现在还是数九寒天。他们脱下棉衣和棉帽，仍然是满头大汗。年轻的战士们和社员们正在进行军民友谊竞赛。

中午11点的时候，几辆小汽车向工地开来，战士们想：一定是我们的首长又来参加劳动了；社员们想：一定是来了参观团。人们正在猜测时，中共昌平区委副书记郭汗文赶忙跑到汽车跟前。车门打开了，一个身着黑大衣，精神焕发的人走下车来。当他和郭汗文握手的时候，人群中有人说了声"朱德副主席"，顿时千万双眼睛一起投向了人们久已敬仰的朱德同志。朱德迈着矫健的步子，微笑着来到人们面前，和蔼地说："同志们辛苦啦！"同志们一时激动得竟不知如何作答。随后朱德一行人由郭汗文带路登上了一座小山上的工地指挥所。朱德看着示意图，听着情况汇报，不时抬起头看看山下正在劳动着的人们，好像被这巨大的工程和人们的劳动热情所感染，回过头来对人们说："坝基这样大，真是一件伟大的工程啊！"他停了一会，又满怀信心地说："这样的劳动热情，能战胜一切困难按期完成任务的。"

"是的，朱副主席，在6月15日以前准能完成，在洪水季节要用它拦阻山洪呢！"郭汗文回答。朱德对水库工地上的工程和人们的生活十分关心，他提出许多问题，问了又问。临别时，朱德又勉励大家："这样大的工程，需要努力，再努力！"

5月25日，朱德再次来到十三陵水库工地，他同毛泽东、周恩来、刘少奇等党和国家领导人及在京的中共委员一起参加修建水库的义务劳动，并为十三陵水库题词：移山造海，众志成城。

于俊道／文

朱德到十三陵水库工地参加劳动　1958 年

视察皖西

1958 年 6 月的一天，朱德由合肥前往六安县视察。在短短几十公里的路上，他曾三次下车深入基层，检查有关单位的工作。

汽车在青峰公社交通水库工地旁停了下来。

朱德问:“你们种茶树没有?”“塘埂上栽桑树没有?”“养鱼没有?”“有没有蓖麻蚕?”公社负责人不好意思地回答:只是家蚕有一点，旁的工作还未做。朱德说:“今后你们在搞好农业之外，要种茶、养蚕、养鱼。”朱德还关切地询问了鱼苗和水源情况。

汽车继续前进。在一处前不见村后不着店的地方，公路北有几间茅草棚子，门外堆着许多装鸡蛋的木箱。这是当地的土产收购点。朱德让车停下来，走上前去。一进门，只见两个工人同志正在装鸡蛋。朱德十分和蔼地和他们交谈起来，问鸡蛋多少钱一斤，一斤蛋有几个，蛋是不是会坏，还详细地询问了他们站收蛋的情况。两个工人同志一边工作一边回答，并没有介意此时是谁在和他们谈话。当朱德视察完毕登车的时候，一起陪同参观的同志回过头来问他们，知道刚才是谁和你们谈话吗?当得知是朱德总司令时，他们一边目送着汽车驶去，一边不禁连声地说:“今后一定要好好干，好好干!”

于俊道 / 文

朱德视察皖西

革命的希望，祖国的未来

1958 年 9 月，朱德到新疆视察工作，看望边疆各族人民。他同工人、农民、牧民、解放军干部战士、各级领导干部和知识青年亲切交谈，勉励他们在建设边疆、保卫边疆的事业中不断做出新贡献。

9 月 13 日，朱德在准噶尔盆地边沿共青团农场接见了一群朝气蓬勃的男女支边青年。朱德亲切地问大家："你们辛苦了！都是从哪些地方来的？"

青年们用各自的家乡话抢着回答说："我是山东"，"俺是河南"……

朱德问身边的朱莲英："生活习惯不习惯？想家不想家？"

青年们齐声回答说："我们不想家！"

朱德微笑着说："好！不用想家，边疆就是你们的家。"

朱德边说边走上一个高地，举目环视附近的一片片新开垦农田，高兴地对他们说："你们年轻有为，是革命的希望，祖国的未来，后来居上，你们将来个个都比我们强。希望你们戒骄戒躁，再接再厉，扎根边疆，建设边疆，把祖国的边疆建设成繁荣昌盛的乐园。"

朱德对青年们的亲切教诲，在他们心中激起了层层浪花，增添了无穷无尽的力量。几十年过去了，当年被朱德接见过的支边青年们，个个都扎根在边疆，在开发农场、建设农场的社会主义建设中，发挥了积极的作用。

于俊道 / 文

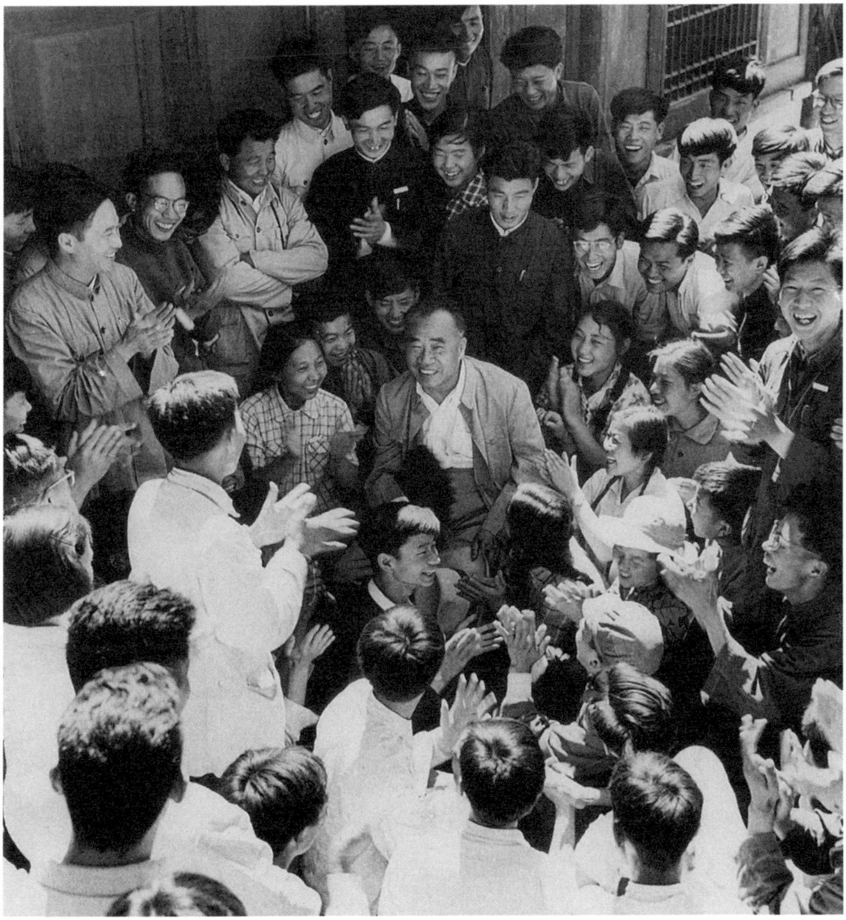

朱德和青年学生在一起　1958 年

会见青年积极分子

1958 年 11 月 24 日下午，来自朱德家乡的全国青年社会主义建设积极分子谢诗才、邓映俊和陈太富，在四川团省委副书记白尚武的带领下，怀着十分激动的心情来到了中南海。

他们刚一走进会客室，朱德就含笑地迎上来，亲切地同三位家乡青年一一握手，问了每个人的名字，然后请他们坐下，吃新疆哈密瓜。

这三位普通的农村青年，从来也没有像现在这样兴奋和激动过，他们目不转睛地望着朱德总司令。

朱德首先问紧坐在他右边的谢诗才："公社办得怎么样？每个劳动力分了多少钱？"谢诗才马上回答说："社里的生产搞得很好，每个劳动力平均分得八十元钱。"

朱德又问："水利修得怎么样？""绿化怎么样？山坡上、路边、河边都栽了树吗？"三个人抢着回答："都种了树，有白蜡树、桑树、槐树和其他好多种树。"朱德听了满面笑容地说："路边栽上白蜡树是最好的绿化，一年四季都是绿的，漂亮得很，要多种。"

稍稍停息了一下，朱德意味深长地说："山区要想山区的办法，广柑、药材、山珍，都要很好地种植、挖掘和运输出来。"总司令的话打动着三个青年人的心，他们听得入了神。他们想，总司令对山区人民是多么关怀，对山区人民的生活想得多么具体和周到啊！我们一定要听党的话，苦干几年，让山区人民也生活得幸福美满。

于俊道 / 文

朱德同中直机关青年积极分子在一起

朱德和谢觉哉

1961 年 2 月 8 日，朱德同谢觉哉一起高兴地乘船视察了福建古田水库。谢觉哉为表达他喜悦的心情，写下了《泛舟古田水库》诗一首：

山里行舟自古无，沿湾绕岛路回迂。
水中城市蛟龙困，地下楼台星月徐。
级级能源增不已，重重巨坝锁无余。
建溪明岁新成海，上武夷峰看打鱼。

朱德步原韵也兴奋地写下了《和谢老〈泛舟古田水库〉原韵》唱和诗一首：

湖水清平波浪无，楼船并进路航迂。
岛中风景明如画，池上鸥飞甚款徐。
四级梯型多发电，层堤水利用无余。
古田巨坝完成好，灌溉运输又养鱼。

朱德的这首诗朴素自然，画面明朗，意境清新，音节优美，形象地描绘了古田水库风景如画的美景，全面地反映了古田水库建成后已得到既能发电，又能灌溉农田、发展运输事业和养鱼的重大利益，从而歌颂了建成水库的福建省人民自力更生、奋发图强的革命精神。

于俊道 / 文

朱德和谢觉哉在一起研究工作　1953 年

我们要相信党，相信毛主席

“文化大革命”中，萧华被林彪、江青反革命集团关了七年半之久。他被毛泽东指名平反出来工作后，怀着迫不及待的心情先去看望朱德他老人家。

数年不见，朱德明显苍老了。然而，他仍然是那么慈祥，那么和善，那么可亲。朱德热情地抓住萧华的手，一句接一句地询问他的身体，他的家庭，他的生活，萧华满肚子的话在嗓子眼里哽着，却一句也说不出来，只有热泪盈眶。坐下后，朱德仿佛慈父摸准了儿女的心思似的，给萧华留下了许多肺腑之言。

朱德说：“萧华呀，你还年轻，在部队还可以工作几十年。要振作精神呀，共产党员受点委屈不算事儿，瑞金、井冈山、二万五千里长征，那么多困难，那么多挫折，我们都熬过来了，现在这点磨难能让我们丧失信心吗？我们不能灰心呀！”

当萧华以愤慨的心情诉说林彪一伙肆意篡改历史的卑劣行径时，朱德沉默了片刻，语调深沉而缓慢地说：“在井冈山的时候，他林彪才是一个营长哟，怎么能说井冈山会师是他林彪和毛主席呢？历史就是历史，他们胡闹不行的。”

接着，朱德语重心长地勉励萧华：“我们要相信党，相信毛主席！这几年，不过是历史的一个插曲。革命总是要经历曲折反复的，总是要向前发展的。这些年，你被关着，外面有许多情况都不了解，所以要抓紧学习呀，多看些书，特别要多看些有关哲学方面的书籍。”

说着，朱德忽然关切地问：“萧华，你家里现在还有书籍吗？”

萧华说：“我的家给那些人抄了三次，一掠而空，什么都抄走了。”

朱德和萧华一起观看军队篮球赛　1951 年

听了这话，朱德站起来打开书柜，执意要送书给萧华。萧华怀着激动的心情从书柜里选了一些马克思、恩格斯、列宁、斯大林和毛泽东的著作选集。朱德语重心长地说："凡是违背唯物辩证法的东西，别看它眼前时兴得很，但从长远的观点看，最后在历史上总是站不住脚的。要好好地学，它是我们识别真假马列的武器。"

于俊道 / 文

革命到底

1975 年 3 月 6 日，诗人李瑛去探望朱德。多年来，李瑛每到朱德家，朱德总要让李瑛给他读点书报。这一天读报后，两人开始闲谈。李瑛很不满地把当时“四人帮”一手制造的所谓“黑画事件”向朱德反映了。他诉说了所谓的“黑画展览”和很多画家遭迫害的情况。

朱德听了意味深长地说：“革命不容易啊，要向前看。你们这一代青年任重道远啊！”说完，奋笔挥毫，给李瑛写了“做一个彻底的唯物主义者”十一个大字。

“任重道远”，李瑛立刻联想到画家黄胄的一幅画，也是以“任重道远”为题，画的是负重的骆驼在沙漠里坚韧地跋涉。这幅主题寓意很好的画，却无端地被“四人帮”诬为“黑画”而加以批判。黄胄在受迫害时，曾多次请求李瑛代他向朱德索要一幅条幅。李瑛怕打扰朱德，一直没有提起，眼前正是个机会，他就请朱德再给自己写个“任重道远”的条幅。因为考虑简便一点，就没有说明这是黄胄的愿望。朱德沉思了一会儿说：“还是写‘革命到底’好啊！”便让李瑛换了一支大羊毫，蘸满了浓墨，写了“革命到底”四个大字。朱德严肃地对李瑛说：“我们的党是一个伟大的党，是久经考验的。有这样伟大的党，这样好的人民，我们这个国家是有希望的。”

千俊道／文

壮心不已，孜孜不倦　1976 年

庄严的军礼

1976年初春，乍暖犹寒。

通往北京西郊的公路上，一辆黑色的小轿车风驰电掣。车上一位老者，粗眉凤眼，气宇轩昂，柔中带刚，挺直的鼻子和抿住的嘴唇更显出他坚韧不拔的神情。一套崭新的军装使他的身材显得高大魁伟。他，就是罗瑞卿将军。

将军今天十分激动。是啊！多少年了，他天天都想见朱德，可是见不到。而今天就要如愿以偿了，他怎能不激动呢！他跟朱德在一起南征北战，朱德给了他多少关怀，他从朱德身上学到了多少东西，实在是说不清。可是眼下这几年，朱德的处境真是难上加难啊！

罗瑞卿摸着自己的双腿仍在沉思。在那漫长的战争年代，凭着这两条腿走遍了大半个中国，长征中雪山上、草地里……而现在只能靠拐杖走路了，想到这里，他又看了看身旁那两支磨得发亮的手杖。

此刻，朱德和康克清正静静地坐在客厅里的沙发上等待着。工作人员的脚步也放得极轻极轻，他们把该准备的都准备好了。康克清怕罗瑞卿坐低了不舒服，特意准备了一把靠背扶手软椅，放在了朱德的对面。

罗瑞卿出现在会客厅的门口，几乎是同一瞬间，朱德也看到了罗瑞卿，四目相对。

“总司令！”罗瑞卿喊了一声，再也控制不住内心的激动。只见他甩掉双拐，一下子扑到了朱德面前……

他举起右手，给朱德——自己的老战友、老首长行了一个庄严的军礼。此时此刻，难以用语言表达的一切的一切，都凝聚到了这庄严、崇高的军礼之中。

朱德与罗瑞卿（左三）、张澜（右二）、徐冰（左一）等在北京 1949年

朱德用泪花迷蒙的眼睛看着罗瑞卿，嘴唇动了几动，想说什么，但又没有说出来。

但谁都知道，这庄严的军礼在说话，在呐喊：

战士自有战士的性格：不怕污蔑，不怕恫吓；一切无情的打击，只会使人腰杆挺直，青春焕发。

战士自有战士的胆识：不信流言，不受欺诈；一切无稽的罪名，只会使人神志清醒。

这庄严的军礼——在祝福：祝总司令健康！祝总司令长寿！

闻 边/文

弄通马克思主义很重要

1975 年初，按照党中央的指示，成仿吾开始对马恩著作的中文译本做校正工作。在各方面的协助下，经过近一年的努力，《共产党宣言》新译本终于出版了。

1976 年 5 月 18 日，成仿吾把《共产党宣言》新译本呈送给朱德。这本朱德本来就很熟悉的马克思主义经典著作，他 19 日收到，20 日就看了一遍。21 日早晨，朱德要去看望成仿吾，让秘书将此事打电话告诉他。成仿吾一听年届九十高龄的委员长要亲自来看望他，心情十分激动，立即表示还是他去看望朱德委员长。但朱德的秘书很快就回电成仿吾，说委员长一定要来。

很快，朱德按时来到成仿吾的宿舍。成仿吾深表歉意，说应该由他去看望委员长。朱德微笑了一下，立刻把话题转到了《共产党宣言》新译本上。

朱德说，好懂，很好。若是不好懂，他是不能一口气看下去的。朱德强调指出，这是根本性的工作，因为这部经典著作讲的都是一些根本问题，如阶级斗争问题、民族与国家问题、家庭与妇女问题等等，都讲得很清楚。现在许多问题讲来讲去，总是要请教马克思、恩格斯，总得看“宣言”是如何讲的。

朱德说，弄通马克思主义很重要，为了弄通，便要有好译本，做好这个工作有世界意义，应该多培养几个接班人。还说今后他要把成仿吾的家作为一个“点”，时常来串门。

于俊道 / 文

朱德主持四届全国人大会议　1975 年

书法爱好者

朱德爱好书法。这种爱好，是他从小养成的习惯。他从六岁到十八岁读私塾时，每天都要写毛笔字。他说：我刚开始写字时，名曰“描红”，其实是“描黑”。因为印刷的红字，只有有钱人家的孩子才买得起，我们这些穷人家的孩子只好“描黑”。

朱德学习书法，集中在三个时期。

第一个时期，为六岁到十八岁读私塾这段时间。他脱离“字格”之后，开始临帖，临的是柳公权的《神策军碑》。

第二个时期，是从 1916 年到 1920 年率护国军驻军泸州这段时间，学的是北碑。

第三个时期，为新中国成立后至 1976 年这段时间，以学习黄庭坚的书法为主，偶尔也阅写一下其他碑帖。他认为黄庭坚的字，肉丰而苍劲，态浓而意淡，巧藏于拙，秀出于伟。

朱德对于书法，仅是业余爱好。他的本意，一是艺术爱好，二是休息脑子，三是活动筋骨手腕。因此，他练字的时间多在午饭和晚饭前后，或者是在阅读书籍文件后休息之时。每次练字大约二十分钟左右。

朱德用的毛笔，大中小都有，但常用的是长锋狼毫、二纯羊毫和汉壁羊毫。用的砚台有好几个，其中比较珍贵的有史可法用过的大方砚。但他最喜爱并且经常使用的，是朝鲜议会代表团送给他的雕龙方砚。墨是从安徽买来的。用的纸是白麻头纸，后来由于这种纸不好买，又改用黄表纸。纸墨笔砚的适当与否，朱德认为对于书法的好坏关系极大。

中国的书法艺术，朱德认为将随着汉字的不断改变而不断发展。他说：汉字始于象形，从甲骨、钟鼎和籀字的体形来看，奇古生动，各尽

朱德习字　1964 年

物态。秦分（即小篆），裁构整齐，一变古态。到了汉分，削繁成简，形成隶体。汉朝末年，改觚为圆。由隶正之间，发展为真书。同时，行书、草书、飞白并出，盛极一时。

朱德说，书法由繁趋简，这是大势所趋。“钟表兴则壶漏废”是任何人也扭转不了的。因为繁难者人所共畏，简易者人所共喜。人心所向者荣，人心所背者衰。书法的发展，也不能例外。

闻　边／文

我们是夫妻，又是同志

四十七年的夫妻之情，四十七年的同志之情，康克清伴随着朱德风雨同舟，同甘共苦，直至他走完人生的路途。在朱德逝去的十多年后，她依然怀着深深的眷念把他的照片放在案头……

1929 年 3 月中旬，朱德和毛泽东率领工农红军第四军打响了入闽第一仗，击毙敌旅长郭凤鸣，攻占了长汀县城，首战告捷。

在一幢普通民房里，没有花轿，没有鼓号，没有披红挂绿的仪式，朱德和康克清结合了。他赞赏她有魄力，积极要求上进，她仰慕他英勇善战，为人朴实诚恳，待士兵如同家人。康克清说：“我和朱德组成家庭，是志同道合。当然，在许多方面，应该说我是他的学生。”的确，结婚以后，朱德稍有空闲便帮助康克清识字。生长在贫苦农民家庭的康克清没有读过书，直到上井冈山时，还不识字。在朱德的鼓励和辅导下，倔强的康克清把学习看作同打仗一样重要的事情，非要赢得胜利不可。所以，无论是行军还是宿营，她从不放弃一切机会识字，经过半年的刻苦努力，她已经能够阅读《列宁主义基础》等书籍了。在瑞金中央革命根据地工作时，她考入红军大学。由于她的勤奋、刻苦，学习成绩名列前茅，成为班里的优秀学生。以后长征到达延安，她又进入抗日军政大学学习，文化水平和政治理论水平进一步得到提高。对此，朱德不无自豪地称赞康克清“是一个在部队的教育下成长起来的姑娘——红军的标准产物”。

作为丈夫，朱德更关心的是如何使妻子尽快成长起来，为革命做更多的事情。他从不让康克清料理他的生活，使她有更多的时间从事自己所承担的工作和学习。作为妻子，康克清则希望能给予朱德更多的关心

朱德和康克清

和照顾。但是，残酷的战争和革命者的责任感，使她不得不经常离开自己的丈夫，投身于繁忙的工作和学习。在瑞金时，康克清曾多次变换工作，从总部警卫团到交通队，从军委机要局到妇女义勇团，从红军大学到总部直属队，她从无患得患失之言，总是愉快地接受任务，奔赴新的岗位。他们之间的关系是融洽、和谐的。1937 年，康克清在同美国记者宁谟·韦尔斯谈话时说：“我从未跟朱德吵过嘴，有时我给他一点小小的批评，但他平常的行为总是对的，我们两人从未谁命令过谁。”

魏　华 / 文

到基层去从头学起

1949 年秋，朱琦带着妻子赵力平来到西柏坡。在一孔窑洞里，他们见到了分别日久的父亲。一见面，朱德就问起赵力平参加“土改”的情况。康克清在旁嗔怪道：“看你，儿媳妇刚进门还没吃饭呢，让他们先休息，明天再谈吧。”

第二天，朱德在和朱琦、赵力平的交谈中得知朱琦将转业到地方铁路部门工作时，显得很高兴，他语重心长地对朱琦说：“你是党员，要听从组织安排，对地方工作不熟悉，要到基层去从头学起。”

朱琦记住了父亲的教诲。他被分配到石家庄铁路局机务段后，就从练习生开始学起，经过几年的学习，他担任了火车司机。

1953 年的一天，朱琦刚上班，就听领导同志说今天要执行一项重要的政治任务，一定要开好车。

当朱琦和机组的同志把车顺利地开到目的地时，铁路局的领导过来通知他，说首长想见见他。

朱琦连工作服也没换，便兴冲冲地来到接待室。他没想到接见他的首长竟是自己的父亲。朱德望着身穿工作服，两手油污的儿子，满意地点着头，笑着对朱琦说：“你学会了开火车，而且开得蛮不错嘛！学到了本领，应该更好地为人民服务。”父亲的关怀和教诲，使朱琦产生了一股奋发向上的力量，他暗自下了决心，要在基层努力地做好每一项工作。

肖　遥／文

朱德和儿子朱琦及儿媳赵力平　1972年

爹爹要革命事业的接班人，不要孝子贤孙

1953 年，朱德的女儿朱敏结束了在苏联的学习，怀着兴奋和喜悦的心情踏上返回祖国的旅途。一回到家，她便紧紧拉住朱德和康克清的手，迫不及待地向他们汇报在苏联学习的情况。朱德看到自己的爱女已经长大成人，即将成为社会主义建设的有用人才，禁不住喜形于色。

“你回来了，很好嘛！我们国家正在实施第一个五年计划，需要大批的人才。你要把自己学到的知识贡献给社会主义建设事业。”朱德抚摸着女儿的头发亲切地说。

朱敏亲昵地挽住朱德的胳膊，深情地说：“爹爹，那么多年不在您的身边，我没有尽到女儿的责任。这次回来我就不离开您了，好好地侍奉您。”

朱德听罢呵呵地笑了起来：“好女儿，爹爹要革命事业的接班人，不要孝子贤孙。爹爹像你这么大的时候，早已离开家去寻找救国救民的道路了，到现在还没有回过家呢。今天，我们的条件好了，一家人可以经常在一起团圆了。”接着，他又温和地说：“你要时刻记住，我们都是在共产党的教育下成长起来的，所以，要全心全意地为党工作。爹爹这里你就不要操心了，把精力投入到工作中去。等你生下孩子，就搬到单位去住，一来便于工作，二来可以和群众打成一片，学到许多好的东西。”

不久，朱敏生下一个胖乎乎的儿子，全家人都为这个小生命的诞生感到高兴。朱敏没有忘记父亲的教诲，休完产假，她便愉快地搬到单位，开始了新的生活。

魏　华 / 文

朱德和女儿朱敏

兰花经

朱德喜欢兰花。新中国成立后，他第一次赴江西省视察工作，住在原国民党江西省主席熊式辉的公馆里。院子比较大，有片宽阔的草坪，花木很多，且不乏名贵品种，朱德很喜欢这个地方。他把几十盆品种不同的兰花从专列上搬了下来，分散摆在桂花树的四周，形成自然的点线组合。朱德经常坐在石凳上，时而仰视金桂的挺拔、凝重，时而俯瞰幽兰的潇洒、飘逸，怡然自得，像一个在辛勤劳累之余，欣赏自己成功作品的老园丁。

一天，杨尚奎、水静夫妇去看朱德，正碰上他在桂花树下摆弄兰花。水静对朱德说："我很喜欢兰花的绰约风姿和淡雅清香，可是不管我怎么细心侍弄，总也养不好。"朱德说："兰花是一种很娇贵的花卉，既怕烈日，又怕强光，水、肥、土都要恰到好处，多了少了都不行，所以管理起来比较麻烦，有'春不入，夏不出，秋不干，冬不湿'四大戒律。而且每年这个季节必须换一次土，否则它是不会开花的。"

说着，朱德站起来道："我来教你怎么给兰花换土，这是很重要的一个环节。"

朱德拿起一盆兰花连土从盆中倒出，清除盆内残存的老土，仔细垫盆，换上已经准备好的腐殖质土壤。然后分株，剪掉烂根和病根，理直肉根，再植入新土。朱德一会儿就做好了，自始至终从容不迫，娴熟得像个经验丰富的老花工。

"兰花的品种很多，你喜欢哪一种呢？"朱德说。

"我喜欢墨兰。"水静说，"它叶美、花香，而且花上还有条形纹彩，花上有花。"

朱德养兰
1961 年

“不错，只是比较难养，”他说，“兰花生长在深山幽谷里，它有自己的脾气、个性，一定要顺着它。否则，轻则不开花，重则枯黄而死。”

“我种兰花，就是很难摸准它的脾气。”水静说，“肥呀、水呀都没少给，松土、洗叶，时间也没有少花，可总是不称它的心。”

“兰花的生性是高洁、倔强的，它讨厌浓肥大水，讨厌狎昵拨弄，讨厌喧嚣烟尘的纠缠。”朱德像以赞扬的口气谈论一个人的性格似的说，“所以它的香味清雅幽远，无与伦比，古人称它为‘香祖’‘王者之香’。”

“喜欢兰花的不少，善于植兰的却不多。”水静说。

“你要是喜欢它的香味，首先得尊重它的个性。”朱德说，“要像对朋友那样对待它。否则，它就不会给你吐芳吁芬。”

于俊道 / 文

归来喜看故乡春

别乡五十一年身，犹忆当时寄语真。

两造乾坤欣改后，归来喜看故乡春。

这是 1960 年 3 月，朱德回故乡视察时写的一首诗。

对于故乡，人们总是一往情深。从朱德离开故乡投军报国到这次回乡视察，已经五十一个年头了。在半个多世纪的岁月里，雨来风去，桑田沧海，国家的变化多大啊！朱德此时的心情是兴奋和快慰的。

3 月 9 日，朱德从南充到达仪陇县马鞍场时，已经是薄暮时分了。绚丽的晚霞把山岭、森林、房屋都涂上了一层淡淡的琥珀色。

晚饭后，永乐区党委书记潘义先和马鞍公社党委书记石永锡，向朱德汇报了当地的情况。他们怕影响朱德休息，只做了简要的汇报。朱德说：就这么简单？不行不行，要详细地讲，实事求是地讲，越具体越好。我一点也不觉得累。

接着，朱德向他们提出了一连串的问题：你们除了种粮食，搞没搞多种经营？山上是不是都绿化了？栽了果树没有？……真没想到朱德想得那么多，问得那么细。

第二天上午，朱德来到席家砭。六十五年前，就是在这间简陋的房子里，席聘三先生把他收为自己的学生，并把他的学名“朱代珍”改为“朱玉阶”。在这里，朱德读了不少古书，也接受了席先生民主主义思想的熏陶。朱德默默地在室里徘徊良久，回忆着席先生的音容笑貌。而后又在这所房子的门前，接见了席先生的第三代后人，说：席先生是我的启蒙老师。没有他的教育，也不会有我的今天。我很怀念他。

朱德又到了大湾。这是他九岁起居住的地方。这里的山，留下过许

朱德回到阔别五十一年的故乡——四川仪陇马鞍场　1960 年

多他儿时嬉戏的笑声；这里的路，留下过无数他儿时的脚印。

最后，朱德来到柏林嘴。这是朱德父母居住过的地方。地方政府把原先破旧的房子作了维修，在屋里搞了个“陈列室”，把朱德少年时用过的东西都陈列在这里。朱德看后，对当地负责人说：“不要搞这个，在这里办所学校，让娃娃们念书，好不好？马上改！”

于俊道 / 文

为革命锻炼身体

朱德休假时经常到疗养胜地北戴河去游泳，有时还和小孙子们一块嬉水。

有一天，朱德抱着刚满一岁的小孙子往大海里走去。孩子小，吓得直哭，手脚乱抓乱蹬。朱德仍抱着孩子往深处走，边走边说："不要怕他哭，要从小锻炼他。"后来有了第二个小孙子，朱德又带着他下海。这个小孙子胆子大，第一次下水就一个劲往水里扎，朱德高兴得一再夸奖他："这个小家伙勇敢。"

北戴河的游泳场有个管理人员住的小屋，这里的工作人员永远忘不了朱德游泳时那非凡的胆量和气度。为了纪念朱德八十九岁下海游泳的那一天，直到朱德逝世以后，小屋墙上的那块黑板上还保留着当天的预报：

1975 年 8 月 25 日

水温　26℃

虽然朱德最后一次到北戴河下海游泳距他不幸逝世有一年的时间，但人们仍不舍得抹去那记录，那是永恒的纪念。

于俊道 / 文

晚年的朱德仍然坚持体育运动

初版后记

1994 年是中华人民共和国诞生四十五周年，我们编辑了《毛泽东的故事》《周恩来的故事》《刘少奇的故事》《朱德的故事》《邓小平的故事》《陈云的故事》，作为《共和国领袖的故事》丛书献给共和国的节日。

中共中央文献研究室的同志为编辑出版这套丛书付出了辛勤的劳动，特别是刘武生、陈绍畴、李洪才、汪作玲、朱佳木等同志，在百忙中审阅各册书稿；新华社摄影部、中国革命博物馆提供了部分照片，在此，我们谨向他们表示感谢。

《共和国领袖的故事》

摄影作者名单

王光美	方　艺	乔治·洛蒂	刘东鳌	齐观山	齐铁砚
吕相友	吕厚民	李生南	李学增	杨绍明	杨震河
吴化学	吴振英	杜述周	杜修贤	何　谦	邹健东
孟庆彪	孟昭瑞	张　彬	侯　波	袁汝逊	夏道陵
徐大刚	徐肖冰	钱嗣杰	唐理奎	梁伯权	谢丰泉

塔吉·古拉（注：部分照片因年代久远，作者不详。）

《朱德的故事》

执行主编：于俊道　姚建平

责任编辑：骆振龙　米　河

装帧设计：路　石

1994 年 8 月

再版后记

这是一套以图文并茂的形式，生动讲述党的第一代中央领导集体重要成员在工作、生活与情感世界中所发生的点滴故事的图书。今天距离它初次出版已经三十年了，但翻看这些历史照片，阅读照片背后的故事，仍然会让我们有种莫名的激动。我们仿佛走进了他们的日常生活，近距离地感受着他们的言谈举止和人格魅力。

这些共和国领袖，是伟大的无产阶级革命家，是新中国的缔造者和建设者，是党的优良作风和光荣传统的践行者。他们身上凝聚着共产党员的优良品德，是我们学习的榜样。榜样的力量是无穷的，我们相信书中的每个故事都能引起新一代读者的心灵共鸣。

讲述共和国领袖的故事，是讲好中国故事，尤其是讲好中国共产党的故事的重要组成部分，是党史学习的生动教材，是传承红色基因的有效方法。这套图书正是展现老一辈无产阶级革命家为人处世、理想信念、人生境界等方面的重要载体，值得我们深入体会、不断感悟。

这套图书曾荣获中宣部第四届精神文明建设“五个一工程”奖和第七届浙江树人出版奖。此次再版，我们对图文内容的结构和顺序做了调整，使图书整体脉络更为清晰；对于一些历史事件的描述，我们保留了当时一些约定俗成的说法，部分内容在保持基本不变的基础上，根据现有规范要求做了一些修正。

在庆祝新中国成立七十五周年之际，重新出版此书，也是对老一辈革命家的深切怀念。

浙江人民美术出版社

2024 年 9 月

图书在版编目（CIP）数据

朱德的故事 / 李琦, 梁平波主编 ; 奚天鹰, 刘敏副主编. -- 杭州 : 浙江人民美术出版社, 2024. 9.
(共和国领袖的故事). -- ISBN 978-7-5751-0300-8

Ⅰ. K827=7

中国国家版本馆CIP数据核字第2024R2Z315号

出版统筹　李　芳
责任编辑　徐寒冰　郭哲渊
美术编辑　吴　杭
封面设计　刘　金
责任校对　钱偎依
责任印制　陈柏荣

共和国领袖的故事

朱德的故事

李 琦　梁平波　主编　　奚天鹰　刘 敏　副主编

出版发行　浙江人民美术出版社
　　　　　（杭州市环城北路177号）
电　　话　0571—85174821
经　　销　全国各地新华书店
制　　版　浙江新华图文制作有限公司
印　　刷　浙江海虹彩色印务有限公司
版　　次　2024年9月第1版
印　　次　2024年9月第1次印刷
开　　本　787mm×1092mm　1/24
印　　张　4.833
字　　数　120千字
书　　号　ISBN 978-7-5751-0300-8
定　　价　38.00元